SELBSTVERTRAUEN

SELBST-VERTRAUEN

50 ACHTSAMKEITS- UND ENTSPANNUNGSÜBUNGEN FÜR MEHR SELBSTVERTRAUEN

Dr. Arlene Unger
und Lona Eversden

Librero

Titel der Originalausgabe: *Courage*

Postbus 72, 5330 AB Kerkdriel, Niederlande

Herausgeber: Kerry Enzor
Co-Autorin: Lona Eversden
Verantwortliche Redakteurin: Anna Southgate
Designer: Dave Jones
Redaktion: Philippa Wilkinson
Produktion: Zarni Win

Übersetzung aus dem Englischen:
Daniela Kosic, Wien
Redaktion und Satz der deutschen Ausgabe: Print Company Verlagsges.m.b.H., Wien

Printed in China

ISBN: 978-94-6359-122-5

Hinweis

Weder Autorin noch Verlag übernehmen Verantwortung für eventuell aus der Anwendung der Prinzipien und Techniken, die in diesem Buch vorgestellt werden, resultierende Schäden. Dieses Buch eignet sich nicht zur Behandlung schwerwiegender gesundheitlicher Beschwerden. Wenden Sie sich unbedingt an einen Arzt, wenn Sie sich in irgendeiner Weise unwohl fühlen oder sich über Ihren Gesundheitszustand Sorgen machen.

INHALT

EINLEITUNG

Mut und Selbstvertrauen kommen von innen. Diese Gefühlszustände werden von einem Glauben an den eigenen Selbstwert, einem positiven Körpergefühl und Erfolgssicherheit charakterisiert. Wenn Sie Selbstvertrauen haben, übertragen Sie das auf Ihre Mitmenschen. Studien belegen, dass Personen, die mit sich selbst zufrieden sind, auf eine Art behandelt werden, die ihr Selbstvertrauen weiter stärkt.

Forschungen zeigen, dass der Glaube an den eigenen Erfolg zu einer selbsterfüllenden Prophezeiung werden kann und man so erfolgreicher wird, denn wer an sich selbst glaubt, hat weniger Angst vor Herausforderungen und ist fokussierter. Dieser Fokus verbessert die Kompetenzen und verhilft zum Erfolg, der den Mut weiter stärkt. Kurz gesagt helfen Mut und Selbstvertrauen Ihnen, das Leben zu leben, das Sie sich wünschen, und Ihr Potenzial zu erkennen. Das bedeutet, Ängste und Sorgen loszulassen, die Sie aufhalten. Das bedeutet, zu wissen, was man selbst möchte, und nicht darauf zu achten, was andere sagen. Wenn Sie an sich selbst glauben, können Sie der Welt mit Mut in Ihrem Herzen entgegentreten und das kommt Ihrer Arbeit und Ihrem Privatleben in vielerlei Hinsicht zugute.

Selbstbewusstsein bedeutet nicht, nie an sich zu zweifeln. Der Schlüssel ist, das eigene Tun nicht von Ängsten kontrollieren zu lassen, Mut zu sammeln und zu handeln, statt tatenlos zuzusehen. Selbstbewusste Menschen erholen sich leichter von Rückschlägen und lassen nicht zu, dass diese ihr Selbstwertgefühl zerstören. Sie sind immer bereit, von Neuem anzufangen.

Wann Hilfe nötig ist

Meist können wir uns bei Stress selbst helfen, indem wir die Methoden anwenden, die in diesem Buch vorgestellt werden. Wenn diese emotionalen Probleme jedoch anhalten oder den Alltag, Beziehungen oder die Arbeit beeinflussen, sollte die Hilfe eines Arztes oder eines professionellen Therapeuten in Anspruch genommen werden.

Feinde des Selbstbewusstseins

Geringes Selbstbewusstsein ist oft tief in Kindheitserinnerungen verwurzelt oder die Folge von negativen Ereignissen im Erwachsenenalter. Angst, Selbstzweifel, Selbstkritik, Scham und Perfektionismus können das Selbstvertrauen untergraben. Leider lässt geringes Selbstvertrauen uns glauben, dass Gefahren und Fallstricke hinter jeder Ecke lauern. Deshalb gehen wir Herausforderungen oft aus dem Weg, jedoch bestärkt das nur unsere Überzeugung, keinen Platz in der Welt zu haben, und hält uns davon ab, Chancen zu nutzen.

Obwohl es vielleicht so scheint, dass einige Menschen selbstsicher geboren wurden, kann jeder von uns daran arbeiten, selbstbewusster zu werden. In diesem Buch finden Sie 50 kurze Übungen, die Sie regelmäßig machen können und die Ihnen genau dabei helfen. Sie basieren auf psychologischer Forschung, Methoden der Visualisierung sowie Affirmationen, Kognitiver Verhaltenstherapie, Emotionalem Gehirntraining und Achtsamkeitsbasierter Stressreduktion.

Emotionales Gehirntraining

Dieser Ansatz beruht auf der Idee, dass natürliche Stressreaktionen in unserem „emotionalen Gehirn" verankert sind. Es lehrt uns, dass wir unsere Gefühle verbalisieren und die natürlichen Nervenbahnen im Gehirn nutzen können, um es vom Stress abzulenken. Es bietet Methoden, die zu mehr Authentizität und Selbstakzeptanz verhelfen, uns zu klareren Zielsetzungen ermutigen und das Einfühlungsvermögen verbessern, wodurch das Selbstvertrauen gestärkt wird. Das emotionale Gehirntraining betont auch die Wichtigkeit eines gesunden Lebensstils.

ZEHN **VORTEILE** VON **MUT**

1. Hilft Ihnen, „nein" zu anderen zu sagen.
2. Inspiriert Sie dazu, Herausforderungen anzunehmen.
3. Lässt Sie Ungewissheit akzeptieren.
4. Gibt Ihnen Ausdauer, sodass Sie sich von Niederschlägen erholen können.
5. Lässt Sie Ihre Stärken erkennen, sodass Sie das meiste aus sich herausholen können.
6. Lässt Sie Ihre eigenen Fehler und die Ihrer Mitmenschen akzeptieren.
7. Ermutigt Sie dazu, neue Menschen kennenzulernen und mit anderen in Kontakt zu bleiben.
8. Reduziert Reue und das „Was wäre, wenn".
9. Hilft Ihnen dabei, vor Publikum zu sprechen.
10. Beeindruckt andere und lässt Sie an sich selbst glauben.

Wie dieses Buch zu verwenden ist

Dieses Buch zeigt Ihnen, wie Sie mithilfe unterschiedlicher psychologischer Methoden mutiger werden können. Sie können jede beliebige Seite dieses Buches aufschlagen und die Übung machen, die Sie vorfinden oder ein Langzeitprojekt daraus machen und die Kapitel nach der Reihe durchgehen. Nutzen Sie den Tag und fangen Sie gleich damit an.

Kognitive Verhaltenstherapie

Diese Therapie wird unter anderem bei geringem Selbstvertrauen und zur Behandlung von Depressionen und Angstzuständen eingesetzt. Der Fokus liegt dabei auf Denkmustern, wie Gedanken das Handeln und Gefühle steuern und welchen Einfluss wiederum das Handeln auf Gedanken und Gefühle hat. In der Kognitiven Verhaltenstherapie lernt man, negative Gedanken zu erkennen und zu bekämpfen, welche das Selbstvertrauen zerstören und zu nicht hilfreichen oder schädlichen Verhaltensweisen führen können. Diese werden dann durch positive Gedanken ersetzt.

Achtsamkeitsbasierte Stressreduktion

Achtsamkeit bedeutet, im Moment zu leben, statt sich von Gedanken über die Vergangenheit oder Zukunftsängsten ablenken zu lassen. Achtsamkeitsbasierte Stressreduktion ermutigt uns dazu, aufmerksam auf unsere Atmung, Gedanken, Gefühle, körperlichen Empfindungen und Umgebung zu achten. Durch diese Achtsamkeit können Emotionen reguliert und die Fähigkeit, Glück zu empfinden, gefördert werden. Es stärkt auch das Selbstbewusstsein, da es uns lehrt, entmutigende Selbstkritik zu erkennen und loszulassen. Achtsamkeit verbessert die Konzentrationsfähigkeit, wodurch es die Produktivität steigert und mit der Zeit den Glauben an die eigenen Fähigkeiten stärkt.

Visualisierungen

Es ist wissenschaftlich bewiesen, dass, so zu tun, als hätte man eine bestimmte Eigenschaft, dabei hilft, diese Eigenschaft auch wirklich zu entwickeln. Diese Methode wird oft in der Sportpsychologie angewendet. Sportler stellen sich vor einem wichtigen Rennen oder Spiel vor, zu gewinnen, um so ihr Selbstvertrauen zu stärken und sich auf das eigentliche Rennen oder das Spiel vorzubereiten. Sich ein bestimmtes Resultat vorzustellen, kann eine tief gehende Wirkung auf Körper und Geist haben. Ein Experiment zeigte, dass bei Skifahrern, die sich eine Abfahrt vorstellen, nahezu identische Nervenimpulse wie beim richtigen Skifahren ausgelöst werden. Sie können diese Methode auch zur Vorbereitung auf eine Präsentation oder eine Party verwenden, um ohne viel Aufwand Ihr Selbstbewusstsein zu stärken.

Affirmationen

Eine ähnliche Methode sind Affirmationen, kurze Sätze, die eine positive Nachricht an das Gehirn senden und so selbstbewusstes Denken fördern. Sie werden in der Kognitiven Verhaltenstherapie angewendet und sind auch Teil dieses Buches.

Es ist wissenschaftlich bewiesen, dass bei der Visualisierung einer bestimmten Handlung ähnliche Körperreaktionen hervorgerufen werden, als würde man diese Handlung tatsächlich ausführen. Visualisierung ist eine sehr wirksame Methode, um Mut zu fassen und das Selbstvertrauen zu stärken.

MUTIG IN DEN TAG

Mut ist kein fester Wesenszug, den man entweder hat oder nicht hat. Er steckt in jedem von uns und man kann jederzeit darauf zugreifen. Mut ist etwas, an dem gearbeitet und das entwickelt werden kann. Das folgende Kapitel zeigt, wie man die tägliche Routine verändern kann, um nach und nach mutiger zu werden.

Einige dieser Methoden kommen aus der Psychologie. Studien belegen, dass die Körperhaltung zu ändern einen Selbstbewusstseinsschub auslösen kann. Auch den Lebensstil radikal zu ändern kann zu stärkerem Selbstvertrauen führen. Regelmäßige Bewegung, genügend Schlaf, gesunde Ernährung und mehr Sonnenlicht können die Positivität und das Selbstbewusstsein fördern.

Sie können Ihren Weg zu mehr Mut visualisieren, indem Sie sich einfach ein mutigeres Ich vorstellen. Alle Übungen im folgenden Kapitel basieren auf wissenschaftlicher Forschung und auf den Methoden der Kognitiven Verhaltenstherapie, des Emotionalen Gehirntrainings und der Achtsamkeit.

01 VOR LICHT STRAHLEN

Für einen Extraschub an Mut, ist es wichtig, genügend Tageslicht zu bekommen. Sonnenlicht hilft dem Körper, Serotonin zu produzieren, die chemische Verbindung im Gehirn, welche das Glücksgefühl und auch die Selbstsicherheit steuert. Versuchen Sie die folgende Übung, um motiviert in den Tag zu starten und sich daran zu erinnern, mehr Licht in Ihr Leben zu lassen.

1 Wenn Sie morgens aufstehen, öffnen Sie die Gardinen oder Rollläden und sehen Sie raus in das Tageslicht. Wenn Ihr Schlafzimmer nicht hell genug ist, gehen Sie in ein sonnigeres Zimmer, um die Übung zu machen.

2 Schauen Sie aus dem Fenster, atmen Sie tief ein und strecken Sie die Arme hoch in die Luft. Während Sie ausatmen, formen Sie mit den Armen einen weiten Bogen und senken sie dann wieder. Achten Sie darauf, währenddessen zu lächeln.

3 Wiederholen Sie das vier oder fünf Mal und begrüßen Sie die Sonne mit jedem Atemzug, bevor Sie Ihre morgendliche Routine fortsetzen.

WANN AM BESTEN

Machen Sie diese Übung das ganze Jahr über jeden Morgen. Achten Sie darauf, auch raus in die Sonne zu gehen. Nehmen Sie sich vor, zu Mittag eine halbe Stunde lang spazieren zu gehen. Es ist wichtig, das auch im Winter zu machen, um das begrenzte Sonnenlicht zu nutzen.

02 LEHN DICH AN MICH

Wussten Sie, dass um Hilfe zu bitten das Selbstvertrauen stärken kann? Fassen Sie den Mut, sich in schwierigen Zeiten von anderen helfen zu lassen, und es wird Ihnen besser gehen als denen, die nicht um Hilfe bitten. Laut dem Emotionalen Gehirntraining reduziert es Stress, wenn man um Unterstützung bittet. Wenn Sie das nächste Mal Hilfe brauchen, kann Ihnen die folgende Übung helfen, sich geliebt und entspannt zu fühlen.

1 Denken Sie kurz an all die Tierarten, die sich gegenseitig beschützen, wie Elefanten, Schimpansen oder Erdmännchen. Diese Tiere haben einen natürlichen Instinkt, sich um ihre Artgenossen zu sorgen, egal, ob sie mit ihnen verwandt sind oder nicht.

2 Denken Sie an die emotionale und physische Unterstützung, die Sie von anderen bekommen haben, besonders dann, als Sie um sie gebeten oder sie offensichtlich gebraucht haben.

3 Schließen Sie die Augen und stellen Sie sich alle Menschen vor, die Ihnen auf Ihrem Lebensweg geholfen haben. Fühlen Sie eine tiefe Geborgenheit, während Sie sich diese Personen als Grundpfeiler Ihrer Seele vorstellen. Sehen Sie nun, wie Ihre Sorgen nach und nach verschwinden.

WANN AM BESTEN

Machen Sie diese Übung immer, wenn Sie sich niedergeschlagen oder überfordert fühlen. Mit der Zeit wird es Ihnen Kraft geben, wenn Sie den Mut fassen und die Hilfe anderer annehmen.

03 STIMMUNGS-ESSEN

Ein geringes Selbstbewusstsein kann mit schlechten Essgewohnheiten zusammenhängen. Deshalb sollten Sie eine gesunde Ernährung zu einem wichtigen Teil Ihres Lebens machen. Die Ernährung sollte ausgeglichen sein und alle essenziellen Lebensmittelgruppen beinhalten, aber es gibt bestimmte Lebensmittel, die besonders wichtig sind.

1 Studien zeigen, dass Menschen, die an Depressionen leiden, wenig Vitamin B6 und andere B-Vitamine, wie Thiamin (B1), im Körper haben, welche die Stimmung und das Selbstvertrauen beeinflussen. B-Vitamine sind in proteinhaltigen Nahrungsmitteln wie mageres Fleisch (besonders Pute und Huhn), Fisch, Eier, Nüsse, Samen, Soja und Bananen vorhanden.

2 Eisen regt die Produktion des stimmungshebenden Hormons Serotonin an und ist in rotem Fleisch, Eigelb, Vollkorn, Nüssen, Hülsenfrüchten und grünem Blattgemüse enthalten. Integrieren Sie einige dieser Lebensmittel in Ihren täglichen Speiseplan.

3 Zucker liefert Energie, aber nur vorübergehend. Essen Sie stattdessen Lebensmittel, die langsam Energie freilassen und so Ihre Stimmung stabilisieren. Hafer und Linsen sind perfekt und produzieren außerdem Serotonin.

WANN AM BESTEN

Gesunde Ernährung sollte Teil Ihres Alltags sein. Reduzieren Sie den Konsum von Alkohol, Kaffee, und Zucker, welche einen negativen Effekt auf die Stimmung und das Selbstvertrauen haben.

04 DER WEG IST LANG

Die folgende Übung steigert das Selbstbewusstsein, wenn Dinge schiefgehen. Sie wurde von einer Methode aus dem Emotionalen Gehirntraining, der „Schadensminimierung", inspiriert. Studien zeigen, dass Personen mit einem geringen Selbstvertrauen Versagensängste haben, Sachen oft hochspielen und sich darauf konzentrieren, keine Fehler zu machen. Das führt dazu, dass sie vor neuen Herausforderungen zurückschrecken und so die Chance verpassen, sich zu beweisen. Mut bedeutet, Fehler zu akzeptieren und einzusehen, dass es keinen Erfolg ohne Rückschläge gibt.

1 Akzeptieren Sie Ihre Enttäuschung, wenn Sie einen Rückschlag erleiden. Achten Sie nur auf Ihre Gefühle und fassen Sie sie in Worte: „Ich bin verängstigt" oder „Ich bin enttäuscht".

2 Vergessen Sie nicht, dass nur wenige Leute erfolgreich sind, ohne jemals versagt zu haben. J.K. Rowlings erstes Harry-Potter-Buch wurde 12 Mal abgelehnt, bevor es veröffentlicht wurde. Steve Jobs brach sein Studium ab, bevor er Apple gründete.

3 Denken Sie an Ihre Zukunft. Fehler und Fehlschläge können neue Türen öffnen. Stellen Sie sich vor, Sie erzählen eines Tages jemandem von diesem Fehler und wie er Sie zum Erfolg führte.

4 Wenden Sie Visualisierung an. Stellen Sie sich vor, Sie möchten einen strömenden Fluss überqueren. Es führt kein Weg daran vorbei und es gibt nur wenige Steine, auf die Sie steigen können. Sie treten von einem Stein auf den anderen. Manchmal müssen Sie springen, zur Seite treten oder einen Schritt zurück gehen.

5 Denken Sie daran, dass der Weg zum Erfolg nicht immer gerade verläuft. Manchmal müssen Sie, freiwillig oder unfreiwillig, einen Schritt zur Seite oder sogar zurück machen, um Ihr Ziel zu erreichen.

WANN AM BESTEN

Machen Sie die Übung immer, wenn Sie sich verzweifelt fühlen, denken, versagt zu haben oder sich selbst kritisieren, weil Sie ein bestimmtes Ziel nicht erreichen konnten.

05 STARKE KÖRPERHALTUNG

Um mutiger zu werden, müssen Sie Ihre Körperhaltung ändern. Eine Studie der Harvard und Columbia University zeigte, dass eine Körperhaltung, die Stärke ausstrahlt, uns selbstbewusster wirken und fühlen lässt. Wissenschaftler fanden heraus, dass eine solche Haltung den Testosteronspiegel und damit auch das Machtgefühl steigen lässt, während der Cortisolspiegel und das Stressgefühl sinken. Probieren Sie die folgende Übung.

1 Stellen Sie die Füße hüftbreit auseinander, ziehen Sie die Schultern zurück und halten Sie den Kopf oben. Entspannen Sie die Knie und verlagern Sie das Gewicht auf den Unterkörper. Ballen Sie nun die Hände zu lockeren Fäusten und legen Sie sie an die Hüften.

2 Stellen Sie sich vor, Sie sind ein starkes und mächtiges Tier, das auf den Hinterfüßen steht, zum Beispiel ein Bär, und atmen Sie tief ein und aus. Fühlen Sie in sich die Stärke dieses wundervollen Tiers. Machen Sie das zwei Minuten lang.

3 Erinnern Sie sich den restlichen Tag an diese Pose und achten Sie immer auf Ihre Haltung. Wenn sie eingefallen ist, ziehen Sie die Schultern zurück, heben Sie den Kopf und atmen Sie tief ein und aus.

WANN AM BESTEN

Diese Übung können Sie vor wichtigen Besprechungen machen oder wann immer Sie nervös sind. Sie können sie auch täglich machen, etwa bevor Sie morgens aus dem Haus gehen.

HALTUNG BEIM SITZEN

Beanspruchen Sie Platz, auch wenn Sie sitzen. Ziehen Sie die Schultern zurück und machen Sie sie breit, halten Sie Ihren Kopf hoch und beide Füße auf dem Boden, um stabil zu sitzen.

FÜNF WEGE,
innere Kraft freizulassen

Hören Sie inspirierende Musik.

Betrachten Sie einen schöne Landschaft.

Bewegen Sie sich: Trainieren oder tanzen Sie, dehnen Sie sich oder gehen Sie schnell.

Seien Sie kreativ: Zeichnen oder malen Sie.

Lachen Sie eine Minute lang laut.

06 FIT FÜRS LEBEN

Regelmäßiges Training stärkt das Selbstvertrauen. Es regt die Produktion des Glückshormons Endorphin an und steigert so das Gefühl von Stärke und Zuversicht. Dieser Gemütszustand wird im Emotionalen Gehirntraining „Lebendigkeit“ genannt. Das Eastern Ontario Research Institute fand heraus, dass Personen, die zehn Wochen lang zwei Mal pro Woche trainieren, ihr Körpergefühl und ihr Selbstbewusstsein besser bewerten und sich sozial, akademisch und auch physisch kompetenter fühlen. Im Folgenden finden Sie einige Wege, um Ihre Lebendigkeit zu steigern.

1 Gehen Sie raus. An der frischen Luft zu trainieren ist besonders gut, um das Selbstbewusstsein zu steigern und die Stimmung zu heben. Gehen Sie zu Mittag in den Park oder gehen Sie einen Teil Ihres täglichen Arbeitsweges zu Fuß.

2 Bewegen Sie sich 30 Minuten lang täglich. Planen Sie regelmäßiges Training ein, um es so in Ihren Alltag zu integrieren. Suchen Sie eine Sportart, die Ihnen Freude bereitet. So fällt es Ihnen leichter, sich an Ihren Plan zu halten.

3 Definieren Sie Training neu. Gehen Sie Salsa tanzen oder nehmen Sie Stepptanzunterricht. Sie können auch gärtnern. Selbst Hausarbeit zählt als Training, wenn sie mit viel Energie gemacht wird.

4 Gehen Sie mit Ihrem Hund raus. Wenn Sie keinen Hund haben, können Sie einem Freund anbieten, mit seinem Hund spazieren zu gehen. Die University of Missouri fand heraus, dass Hundebesitzer ihre Geschwindigkeit um 28 % steigern konnten. Wenn Sie kein Hundefreund sind, können Sie sich mit anderen zusammentun. Personen, die mit einem Freund oder ihrem Partner spazieren gehen, sind um vier Prozent schneller, als wenn sie allein gehen würden.

WANN AM BESTEN

Aktiv zu sein ist essenziell für ein glückliches Leben. Wenn Sie die meiste Zeit sitzend verbringen, können Sie einen Wecker stellen, um sich daran zu erinnern, jede Stunde aufzustehen und herumzugehen.

07 ...UND ENTSPANNEN

Schlaf spielt bei positiven Eigenschaften wie Optimismus und Selbstbewusstsein eine wichtige Rolle. Viele sind so an Stress gewöhnt, dass es ihnen schwer fällt, genügend zu schlafen. Die folgende progressive Entspannungstechnik aus der Kognitiven Entspannungstherapie kann helfen. Sie spricht eine Muskelgruppe nach der anderen an, um Verspannungen zu lösen und den Gedankenstrom zu stoppen, der den Schlaf stört.

1 Setzen oder legen Sie sich bequem hin. Später können Sie die Übung auch im Bett machen, aber machen Sie sie zuerst lieber im Sitzen, um sich besser zu konzentrieren. Machen Sie fünf ruhige Atemzüge.

2 Beginnen Sie mit den Füßen. Das Ziel ist, die Muskeln langsam und einen nach dem anderen zu aktivieren. Spannen Sie die Fußmuskeln fünf Sekunden lang an, als wollten Sie sie biegen, und entspannen Sie sie dann wieder.

3 Atmen Sie ein, aus und schließlich wieder ein, während Sie die Muskeln anspannen. Atmen Sie aus, wenn Sie die Muskeln entspannen. Stellen Sie sich die Anspannung im Körper als Wasser vor, das aus einem Rohr fließt. Genießen Sie dieses Gefühl der Entspannung 10 bis 15 Sekunden lang.

WANN AM BESTEN

Machen Sie diese Übung zwei Wochen lang zweimal täglich. So werden Sie mit der Übung vertrauter. Dann können Sie sie jeden Abend machen oder wann immer Sie entspannen möchten.

LOSLASSEN

Diese Übung zeigt Ihrem Körper den Unterschied zwischen Anspannung und Entspannung. So fällt es Ihnen leichter, loszulassen, wenn es nötig ist.

4 Machen Sie mit den Unterschenkeln weiter. Ziehen Sie die Zehen zum Körper, um die Wadenmuskeln zu aktivieren. Spannen Sie nun die Oberschenkel an. Machen Sie es zuerst auf der rechten und dann auf der linken Seite.

5 Machen Sie mit den Armen weiter. Ballen Sie die rechte Hand zu einer Faust und entspannen Sie sie dann wieder. Machen Sie wieder eine Faust, halten Sie die Anspannung, beugen Sie den Arm und bringen Sie den Unterarm zur Schulter. Wiederholen Sie das mit dem linken Arm.

6 Spannen Sie die Gesäßmuskeln an. Ziehen Sie gleichzeitig die Bauchmuskeln ein. Nun aktivieren Sie die Brustmuskeln, indem Sie tief ein- und ausatmen, und entspannen Sie sich dann wieder. Ziehen Sie als Nächstes die Schultern zu den Ohren und senken Sie die Schultern dann wieder, um die Anspannung zu lösen.

7 Zum Schluss konzentrieren Sie sich auf das Gesicht. Formen Sie mit Ihrem Gesicht ein breites Grinsen und entspannen Sie es dann wieder. Schließen Sie fest die Augen und entspannen Sie sie wieder. Aktivieren Sie nun die Stirnmuskeln, indem Sie die Augenbrauen hochziehen, als wären Sie überrascht. Entspannen Sie die letzte Muskelgruppe und ruhen Sie sich aus.

SCHNELLE ENTSPANNUNG

Wenn Sie einmal mit der Übung vertraut sind, können Sie auch eine schnellere Version davon machen und nur den Entspannungsteil üben. Es ist eine gute Entspannungsübung für die Arbeit oder für zu Hause.

NOTIZ AN MICH SELBST

Ich nehme mir Zeit, um zu entspannen

08 EIN MUTIGERES ICH

Diese Übung basiert auf dem Prinzip „durch Schein zum Sein", welches in der Kognitiven Verhaltenstherapie verwendet wird. Indem man vorspielt, eine bestimmte Eigenschaft zu besitzen, wird es langsam zur Gewohnheit und schließlich ein Teil der eigenen Persönlichkeit. Versuchen Sie die folgende Übung und gehen Sie in den Schuhen Ihres mutigeren Ichs.

1 Machen Sie es sich an einem ruhigen Ort gemütlich. Schalten Sie Ihr Mobiltelefon aus und bitten Sie jeden, mit dem Sie zusammenleben, Sie nicht zu stören, damit Sie entspannen können.

2 Fragen Sie sich, wie Ihr Leben wäre, wenn Sie von Geburt an stärker und mutiger gewesen wären. Wie wäre Ihre Körperhaltung, Ihr Aussehen? Welche Stimme hätten Sie? Stellen Sie sich Ihr mutigeres, selbstbewussteres Ich so genau wie möglich vor.

3 Stellen Sie sich nun vor, Sie leben im Körper dieses mutigeren, neuen Ichs, als würden Sie tatsächlich in den Schuhen dieser Person gehen. Wie fühlt es sich an, in diesem Körper zu sein? Machen Sie so lange weiter, wie Sie möchten, und beenden Sie dann die Visualisierung.

WANN AM BESTEN

Machen Sie diese Übung jeden Tag, am besten morgens. Während der Übung können Sie eine positive Aussage über sich selbst wiederholen, zum Beispiel: „Heute zeige ich mich von meiner besten Seite."

09 IDEALER START

Die Schlafroutine bestimmt den ganzen restlichen Tag. Wachen Sie 10–15 Minuten früher auf als nötig und setzen Sie sich kleine Ziele, die Sie leicht erreichen können. Wenn Sie Ihren Tag mit einem Erfolgsgefühl beginnen, kommen Sie in den idealen Gemütszustand, um im Laufe des Tages etwas zu leisten. Versuchen Sie Folgendes.

WANN AM BESTEN

Machen Sie diese Übung jeden Tag. Sich Ziele zu setzen ist ein wichtiger Teil der Kognitiven Verhaltenstherapie. Kleine Ziele zu erreichen hilft, positives Selbstbewusstsein aufzubauen.

1 Bereiten Sie sich vor dem Schlafengehen auf den nächsten Tag vor. Legen Sie Ihre Kleidung raus, packen Sie Ihre Tasche und machen Sie eine To-do-Liste.

2 Versuchen Sie, mindestens 7 Stunden zu schlafen, um sich erholt zu fühlen. Es ist schwer, sich davon zu überzeugen, alles zu schaffen, wenn man müde ist.

3 Machen Sie jeden Morgen Ihr Bett. So können Sie am Anfang jedes Tages zu sich sagen: „Erledigt".

4 Nehmen Sie sich jeden Tag Zeit, um etwas zu tun, das Ihnen gefällt, zum Beispiel Ausmalen. So können Sie jeden Tag mit einem Erfolg beginnen.

Versuchen Sie es: Malen Sie dieses Muster 10 Minuten lang aus, bevor Sie in den Tag starten

DIE INNERE STIMME ÄNDERN

Wie wir reden, hat einen großen Einfluss auf unseren Mut. Wir alle haben einen inneren Kritiker, eine Stimme, die unsere Ängste schürt und immer lauter wird, je niedergeschlagener wir sind. Eine negative innere Stimme trübt Ihre Stimmung, hindert Sie daran, Ihre Ziele zu erreichen, gefährdet Ihre Beziehungen und mindert Ihr Selbstvertrauen. Das führt dazu, dass Sie aus Angst vor Misserfolgen Risiken vermeiden und Chancen nicht nutzen.

Studien zeigen, dass eine positive innere Stimme (und Selbstbestätigung, um sich diese anzueignen) die Leistungsfähigkeit erhöht. Kognitive Verhaltenstherapie, Emotionales Gehirntraining und Achtsamkeitsbasierte Stressreduktion bieten Möglichkeiten, den inneren Kritiker zu bekämpfen. Indem wir lernen, freundlich mit uns selbst zu sprechen und unseren inneren Kritiker mit Humor nehmen, hören wir auf, uns selbst zurückzuhalten, und können das Leben leben, das wir uns wünschen.

10 FREUNDLICH SPRECHEN

Was sagen Sie sich, wenn Sie etwas vergessen oder falsch machen? Oft sind wir nett zu anderen, aber die Art, wie wir mit uns selbst reden, kann unser Selbstvertrauen zerstören. Laut der Kognitiven Verhaltenstherapie ist unser innerer Kritiker eine Art internes Selbstbestrafungssystem. Dieser Teil unseres Bewusstseins wird stark von gesellschaftlichen Regeln beeinflusst, die wir als Kinder gelernt haben. Es ist wichtig, diese innere Stimme durch eine positivere zu ersetzen. Mit dieser Übung können Sie Ihren inneren Kritiker besiegen und Ihr Selbstvertrauen stärken.

1 Denken Sie an einen Moment zurück, in dem Sie sich selbst kritisierten. Neutralisieren Sie es nun, indem Sie daran denken, wie fürsorgliche Eltern mit ihrem Kind über das reden, wofür Sie sich kritisieren.

2 Um mit sich selbst in einer freundlicheren Stimme zu reden, können Sie auch motivierende und liebevolle Worte aufschreiben, die an Sie selbst gerichtet sind – etwas, das Eltern zu ihrem Kind sagen würden.

3 Wiederholen Sie Sätze wie „Es ist in Ordnung, nächstes Mal mache ich es besser" mehrmals, sodass sich die bestärkende Nachricht in Ihr Unterbewusstsein einprägt.

WANN AM BESTEN

Machen Sie diese Übung jeden Tag, bis Ihr innerer Kritiker von Ihrer starken, aufbauenden Elternstimme übertönt wird. Sie werden viel liebevoller mit sich selbst reden und sich dadurch besser fühlen.

11 DEN GEIST BERUHIGEN

Wie viel Ruhe und Stille bekommen Sie täglich? Wahrscheinlich erstaunlich wenig. Wir sind ständig von Lärm umgeben, sei es gewollt oder ungewollt. Laut Experten für Emotionales Gehirntraining fördert Stille nicht nur die Gesundheit, sondern auch die Gehirnfunktionen. Den Geist zu beruhigen hilft Ihnen dabei, Ihre innere Stimme, Ihre Kreativität und Ihr inneres Gleichgewicht zu finden. Versuchen Sie die folgende Übung, um Ihr Gehirn in einen Ruhezustand zu versetzen und so mutiger zu werden.

1 Suchen Sie einen ruhigen und trotzdem gemütlichen Ort, an den Sie sich setzen können. Schließen Sie nun die Augen, atmen Sie tief ein und aus und stellen Sie sich vor, Ihr Geist geht in einen Pausenraum, einen Ort, an dem es keine emotionale Unruhe oder Schmerz gibt.

2 Sagen Sie sich leise, dass alles in Ihnen diesen Moment der Stille genießt, trotz den flüchtigen Gedanken an Ihre Probleme.

3 Stellen Sie solche Gedanken in diesem Moment der Stille in den Hintergrund. Stellen Sie sich vor, Sie drängen diese Probleme den ganzen restlichen Tag weg, um Ruhe zu schaffen.

WANN AM BESTEN

Machen Sie diese Übung immer, wenn Sie das Gefühl haben, Ihr Geist ist eine Geisel Ihrer Gedanken. Mit der Zeit werden Sie lernen, innere Ruhe einkehren zu lassen, und Ihr weises und mutiges Inneres Ich finden.

NOTIZ AN MICH SELBST

Ich mache Platz für die Dinge, die ich will, und kann leicht Nein sagen

12 LERNEN, NEIN ZU SAGEN

Sagen Sie meistens Ja, wenn andere Sie um etwas bitten? Vielen fällt es so schwer, Nein zu sagen, dass sie Dinge tun, die sie nicht wollen, und schließlich ausgebrannt und gereizt sind. Die folgenden Übungen lehrt Sie die Kunst, Nein zu sagen.

1 Setzen Sie sich Prioritäten. Wenn Sie sich bewusst machen, dass Sie am Wochenende Zeit mit Ihrem Partner verbringen möchten, fällt es Ihnen leichter, Nein zu einem Treffen mit einem Freund zu sagen.

2 Wir haben Angst, andere zu verärgern, wenn wir Nein sagen, und entschuldigen uns deshalb überschwänglich. So wird jedoch die Idee bestärkt, dass Sie Ja sagen sollten. Sagen Sie lieber ruhig und bestimmt: „Nein, ich habe keine Zeit".

3 Akzeptieren Sie Gefühle des Unwohlseins oder der Angst und lassen Sie sie los. Es ist besser, sich kurz unwohl zu fühlen, als später wütend zu sein.

4 Sorgen Sie sich nicht darum, was andere denken, wenn Sie Nein sagen. Das wird in der Kognitiven Verhaltenstherapie „Verbalisierung" genannt. Erkennen Sie den Gedanken und lassen Sie ihn los.

WANN AM BESTEN

Machen Sie diese Übung jeden Tag. Andere werden unaufhörlich Ihre Zeit beanspruchen wollen. Sie müssen beharrlich sein. Einige Personen können ein Nein nicht akzeptieren.

13 GLEICHGEWICHT FINDEN

Die folgende „Drei-Komplimente-Methode“ verhindert, dass negative Gedanken das Selbstvertrauen schwächen. Das Ziel des Emotionalen Gehirntrainings ist, negatives Denken zu durchbrechen und es durch neue, positivere Gedanken zu ersetzen. Die folgende Übung beruht auf der Idee, dass das Gehirn darauf trainiert werden kann, nicht mit Stress, sondern mit Freude und Selbstvertrauen zu reagieren.

1 Wenn Sie das nächste Mal zu selbstkritisch sind, nehmen Sie sich eine Auszeit und atmen Sie. Verurteilen Sie sich nicht dafür, den Gedanken zu haben. Lassen Sie ihn einfach los, während Sie atmen.

2 Denken Sie nun an drei Dinge, die an Ihnen selbst und Ihrem Leben positiv sind. Diese können direkt den negativen Gedanken anfechten oder auch nichts mit ihm zu tun haben. Es geht darum, der Negativität mit ein wenig Positivität entgegenzutreten. Fühlen Sie die Positivität, während Sie bewusst ein- und ausatmen.

3 Stellen Sie sich das als Waage vor. Statt zuzulassen, dass die Negativität Sie herunterzieht, gleichen Sie es mit drei **positiven Gedanken aus.**

WANN AM BESTEN

Machen Sie diese Übung so oft wie möglich. Sie wird Ihnen leichter fallen, je öfter Sie sie machen. Sie können auch alle Komplimente an sich selbst in ein Notizbuch schreiben. Es wird Ihnen Freude bereiten, es durchzublättern.

FÜNF WEGE

zu mehr Selbstliebe

Sehen Sie sich in einem Spiegel an und sagen Sie „Ich liebe dich“.

Machen Sie eine Liste mit sechs Dingen, die Sie an sich mögen.

Fragen Sie drei Freunde nach Ihren größten Stärken.

Nehmen Sie sich Zeit, um sich um Ihren Geist und Ihren Körper zu kümmern.

Machen Sie hin und wieder etwas, das Ihnen gefällt.

14 HYPOTHESEN PRÜFEN

Hypothesenüberprüfung ist eine sehr wirksame Methode aus der Kognitiven Verhaltenstherapie und hilft gegen Ängstlichkeit. Es geht darum, bestimmte Annahmen zu hinterfragen. Es ist vor allem hilfreich, wenn Angst Sie daran hindert, bestimmte Dinge zu tun.

1 Welche Annahme hält Sie zurück? Wenn Sie beispielsweise auf eine Party eingeladen werden und nicht hingehen, da Sie annehmen, dass keiner mit Ihnen reden wird. Schreiben Sie diese Annahme auf ein Blatt Papier, falten Sie es und legen Sie es in eine Schublade.

2 Überprüfen Sie nun Ihre Annahme. Machen Sie das, wovor Sie Angst haben. Wenn Sie nervös sind, denken Sie daran, dass es nur ein Experiment ist und es deshalb egal ist, was passiert. So distanzieren Sie sich und die Herausforderung wird leichter.

3 Sie finden vielleicht heraus, dass Ihre Angst unbegründet war. Auf der Party reden Leute mit Ihnen. Wenn Sie Zeit zum Nachdenken haben, sehen Sie sich noch einmal Ihre Annahme an und schreiben Sie auf, was tatsächlich passierte.

WANN AM BESTEN

Machen Sie diese Übung, wenn Sie einen negativen Gedanken haben, der in irgendeiner Weise ein Hindernis darstellt.

15 WACHSEN LASSEN

Menschen haben entweder ein statisches oder ein dynamisches Selbstbild. Personen mit einem dynamischen Selbstbild sind meist beharrlicher und stören sich nicht am Erfolg anderer. Wer ein statisches Selbstbild hat, tendiert dazu, schnell aufzugeben und anderen ihren Erfolg nicht zu gönnen. Die folgende Übung lässt Sie erkennen, dass Sie dazulernen, sich weiterentwickeln und erfolgreich sein können. Ändern Sie Ihr Selbstbild.

1 Setzen Sie sich bequem hin. Versuchen Sie, gerade zu sitzen und sich nicht zurückzulehnen. Atmen Sie ruhig ein und aus. Denken Sie nun an einen Samen. Stellen Sie sich vor, Sie pflanzen ihn an einem sonnigen Ort ein und gießen ihn.

2 Stellen Sie sich nun vor, der Samen schlägt langsam Wurzeln und sprießt schließlich. Der Spross wird größer und aus ihm erwächst ein kleiner Stiel mit winzigen Blättern.

3 Die Pflanze wird kräftiger und ihre Blätter größer. Stellen Sie sich nun vor, auf dem Stiel beginnt eine Knospe zu wachsen. Sie wird langsam größer und entwickelt sich zu einer wunderschönen Blume. Genießen Sie kurz diese Pracht, bevor Sie die Augen öffnen und das Bild langsam verblasst.

WANN AM BESTEN

Machen Sie diese Visualisierung wenn Sie das Gefühl haben möchten, etwas erreicht zu haben. Es soll Sie daran erinnern, dass alle Lebewesen wachsen und sich weiterentwickeln können.

16 MIT HUMOR NEHMEN

Viele haben Angst davor, verspottet zu werden, und der innere Kritiker wird lauter, wenn wir vor anderen etwas Unangenehmes tun müssen. Humor ist der beste Weg, um sich dagegen zur Wehr zu setzen. Er ist die stärkste Waffe im Kampf gegen Negativität.

1 Nehmen Sie sich eine Auszeit, wenn Sie merken, dass Ihre innere Stimme voller Negativität ist.

2 Stellen Sie sich vor, diese innere Stimme gehört einer komischen Figur. Etwas, das beängstigend aussehen möchte, es aber nicht schafft, da es sehr lustig aussieht, ein großes Tier in einem Kleid oder ein freundlich aussehendes „Monster".

3 Geben Sie dieser Kreatur einen witzigen Namen, wie Snaffgabbler oder Snark.

4 Stellen Sie sich vor, diese Kreatur wiederholt Ihre negativen Worte. So ist es schwerer, sie ernst zu nehmen. Es soll Sie daran erinnern, dass Ängste und Gedanken nicht real sind und Sie sie einfach ausschalten können.

WANN AM BESTEN

Diese Übung können Sie machen, wenn Sie sich entspannt fühlen. Wenn Sie dann merken, dass Sie einen negativen Gedanken haben, können Sie sagen „Der Snaffgabbler ist wieder da" und sich die Kreatur als Quelle dieser Gedanken vorstellen.

17 DIE MUSIK ÄNDERN

Eine positive Einstellung geht Hand in Hand mit Mut. Wenn Sie angespannt sind oder von einem Gedanken geplagt werden, den Sie nicht bewältigen können, sollten Sie die folgende achtsamkeitsbasierte Übung ausprobieren. Sie hilft Ihnen, Ihre Gedanken als Musikstück zu sehen, welches in Ihrem Kopf spielt und ausgetauscht werden kann.

1 Wenn Sie negative Gedanken belasten, setzen Sie sich kurz hin und schließen die Augen (während der Arbeit können Sie hierfür auf die Toilette gehen). Stellen Sie sich einen iPod, einen CD-Player oder mit was auch immer Sie sonst Ihre Musik hören. Stellen Sie es sich so genau wie möglich vor, auch den Ein- und Ausschaltknopf, den Lautstärkeregler und die Tonspurauswahl.

2 Stellen Sie sich nun vor, der negative Gedanke kommt aus diesem Gerät, wie ein Musikstück. Drehen Sie die Lautstärke herunter, damit die Gedanken leiser werden.

3 Stellen Sie sich nun vor, die Tonspur zu ändern. Sie hören nun andere, positivere Musik. Wiederholen Sie dabei folgende Worte: „Ich bin eine starke und selbstbewusste Person".

4 Hören Sie sich die Musik etwa eine Minute lang an. Beenden Sie nun langsam die Meditation und machen Sie mit Ihrem Tag weiter.

5 Sie können sich außerdem von negativen Gedanken ablenken, indem Sie sich auf etwas Positives konzentrieren, zum Beispiel Ausmalen.

Umblättern: Versuchen Sie die Ausmalübung auf der nächsten Seite.

WANN AM BESTEN

Machen Sie diese Übung, wenn Sie sich entspannt fühlen. Machen Sie sie zwei Wochen lang täglich und es wird Ihnen immer leichter fallen, negative Gedanken auszuschalten.

POSITIVER FOKUS

Wir sind niedergeschlagen, wenn wir uns auf unsere negativen Seiten und das Schlechte in unserem Leben konzentrieren. Wir beginnen dann, die Welt als feindliches Gebiet und uns selbst als Opfer der Umstände zu sehen. Wenn wir jedoch lernen, auf die positiven Dinge zu achten, können wir uns bewusst machen, was wir alles erreicht haben und wofür wir dankbar sein können. Eine solche Einstellung lässt den Mut und den Glauben an sich selbst in die Höhe steigen.

Das folgende Kapitel zeigt Ihnen unterschiedliche Methoden und Strategien, um Positivität zu fördern, indem man aktiv danach sucht, Dankbarkeit übt und sich Zeit nimmt, kleine Erfolge zu feiern, die sonst für selbstverständlich genommen werden. Die folgenden Übungen helfen Ihnen dabei, Sorgen zu vergessen und sich selbst, mitsamt Ihren Fehlern, zu akzeptieren.

18 SORGEN LOSLASSEN

Es gibt viele Methoden, die angewendet werden können, um Sorgen zu vertreiben, die das Selbstvertrauen schwächen. Im Folgenden werden drei Wege gezeigt, um Sorgen loszulassen.

1 Schreiben Sie die Dinge, die Sie beunruhigen, auf ein Blatt Papier. Zerstören Sie nun dieses Papier, indem Sie es zerreißen, es in den Reißwolf stecken oder anzünden, wenn es gefahrlos möglich ist.

2 Stellen Sie sich vor, Sie binden Ihre Sorgen an einen Luftballon, wie ein Schildchen. Lassen Sie dann den Luftballon los und sehen Sie ihm zu, wie er in den Himmel steigt und schließlich ganz verschwindet.

3 Legen Sie eine bestimmte Zeit fest, in der Sie sich Sorgen machen können. Wenn Sie möchten, könne Sie es in Ihr Tagebuch schreiben. Psychologen nennen das „Stimuluskontrolle". Nutzen Sie die Zeit, um sich Lösungen einfallen zu lassen, statt ständig über dasselbe nachzugrübeln.

WANN AM BESTEN

Diese Methoden sollen Sie so oft machen, wie Sie es brauchen. Manchmal helfen Sorgen, bestimmte Probleme zu lösen, aber sich ständig Sorgen zu machen ist eine schlechte Angewohnheit, die man sich abgewöhnen kann.

19 GEDULD HABEN

Nichts im Leben ist einfach. Man braucht Geduld und Ausdauer, um etwas zu erreichen. Wandel braucht Zeit, besonders wenn man positiver, mutiger und erfolgreicher werden möchte. Laut der Kognitiven Verhaltenstherapie kann Geduld erlernt werden. Geduld kann aufgebaut werden, indem man sich bewusst macht, wie viel Zeit und Aufwand es braucht, um ein Ziel zu erreichen. Die folgende Übung hilft Ihnen, geduldiger zu werden.

1 Denken Sie an einen Moment zurück, in dem Sie ungeduldig waren. Wie fühlen Sie sich, wenn Sie daran zurückdenken? War die ganze Aufregung es wert und fiel es Ihnen dadurch leichter, Ihr Ziel zu erreichen?

2 Stellen Sie sich nun vor, Sie machen alles langsamer und nehmen sich mehr Zeit, um dasselbe Ziel zu erreichen. Sie werden merken, dass Sie sich so ruhiger fühlen, wenn Sie die Ziellinie überqueren.

WANN AM BESTEN

Machen Sie diese Übung immer, wenn Sie in Eile sind oder unter Druck stehen, etwas zu erledigen. Mit der Zeit werden Sie sich entspannter fühlen und die Früchte des Erfolgs mehr würdigen können.

20 LEICHT WIE DAS ABC

Wertschätzung auszudrücken stärkt das Selbstbewusstsein. Wenn Sie sich bewusst machen, was Sie haben, wie viel andere für Sie tun und was Sie bereits erreichen konnten, wird Ihr Selbstvertrauen gestärkt und Sie werden Sie sich nicht mehr neidvoll mit anderen vergleichen. Durch die folgende Übung lernen Sie, das Positive in Ihrem Leben zu schätzen.

1 Schreiben Sie auf einem Blatt Papier das Alphabet auf. Versuchen Sie, zu jedem Buchstaben etwas hinzuschreiben, wofür Sie dankbar sein können. (Bei X–Z können Sie statt eines Wortes, das mit diesen Buchstaben anfängt, auch etwas hinschreiben, das sie enthält.)

2 Denken Sie jeden Abend vor dem Schlafengehen an drei gute Dinge, die Ihnen im Laufe des Tages passiert sind.

3 Nehmen Sie sich etwa eine halbe Stunde Zeit, um ein „Dankbarkeits-Tagebuch" zu verfassen. Sehen Sie das als Meditation. Überlegen Sie, wofür Sie am dankbarsten sind. Beschreiben Sie diese Dinge so detailliert wie möglich, auch welche Gefühle ausgelöst und welche Sinne gereizt wurden. Was schmeckten, rochen, hörten und sahen Sie?

WANN AM BESTEN

Üben Sie täglich Dankbarkeit. Durch Wertschätzung werden Sie achtsamer, wodurch in weiterer Folge auch das Selbstvertrauen gestärkt wird.

IHR TAGEBUCH

Wissenschaftler sind der Meinung, dass Tagebücher einmal wöchentlich verfasst werden sollten. Sie können dies jedoch auch mit Ihrer nächtlichen Dankbarkeitsübung kombinieren.

21 EIN SCHÖNER TAG

Wenn wir etwas Nettes für andere machen, fühlen wir uns automatisch mutiger. Bei jeder guten Tat schüttet der Körper das Glückshormon Dopamin aus. Laut Experten für Emotionales Gehirntraining steckt Freundlichkeit in jedem von uns, jedoch wird das Belohnungszentrum im Gehirn manchmal von Sorgen blockiert. Um das zu überwinden, müssen wir uns auf das Positive um uns herum konzentrieren. Die folgende Metapher hilft Ihnen, die gutherzige Person zu sein, die Sie in Ihrem Inneren sind und die Sie für andere sein können.

1 Denken Sie einen Moment über die emotionale Wärme nach, die Sie anderen geben, auch wenn Sie selbst dabei verletzt werden.

2 Stellen Sie sich vor, diese Wärme strahlt von der Sonne aus, die hinter den Wolken hervorkommt. Stellen Sie sich die Wolken als emotionale Stressauslöser vor, welche Sie mit Ihrer Wärme vertreiben.

3 Denken Sie nun an etwas, das Sie gerne für andere tun möchten. Versprechen Sie sich, dass Sie diese Wärme ausstrahlen werden, wenn jemand Hilfe braucht.

WANN AM BESTEN

Machen Sie diese Übung immer, wenn Sie an sich zweifeln oder frustriert sind. Denken Sie dabei daran, dass Sie negative Emotionen bewältigen können und sich glücklicher fühlen, wenn Sie anderen helfen. Sie werden bald merken, dass Freundlichkeit ansteckend ist und das Beste in Ihnen hervorbringt.

22 LOB ANNEHMEN

Wie reagieren Sie, wenn Ihnen jemand ein Kompliment macht? Viele würdigen sich dann selbst herab oder reagieren auf Lob mit Sarkasmus. Laut Kognitiven Verhaltenstherapeuten sind solche Reaktionen nicht hilfreich und sollten geändert werden. Man muss lernen, Komplimente anzunehmen (und zu geben), um glaubwürdig zu kommunizieren. Außerdem erkennt man so die eigenen Stärken und wird selbstbewusster. Die folgende Übung hilft Ihnen dabei.

1 Wie reagierten Sie, als Ihnen das letzte Mal jemand ein Kompliment machte? Schreiben Sie das Kompliment und Ihre Reaktion in die Liste auf Seite 77.

2 Fragen Sie sich, ob Ihre Reaktion passiv, aggressiv oder authentisch war:

- Eine passive Reaktion bedeutet, dass Sie Komplimente herunterspielen. Sie sagen zum Beispiel „Ach, das war doch nichts", wenn Sie für Ihre gute Arbeit gelobt werden.

- Eine aggressive Reaktion bedeutet, dass Sie negativ auf Komplimente reagieren, mit Sarkasmus oder Verärgerung. Beispielsweise sagen Sie „Dafür werde ich schließlich bezahlt".

- Eine authentische Reaktion bedeutet, das Kompliment anzunehmen und positiv darauf zu reagieren, ohne das Thema wechseln oder die Aufmerksamkeit auf eine andere Person lenken zu wollen – „Danke, ich habe die Herausforderung genossen".

3 Wenn Sie negativ reagieren, sollten Sie sich fragen, wieso. Meistens sind schädliche Denkmuster der Grund dafür. Sie denken vielleicht, ein Kompliment nicht zu verdienen oder dass die Person einen Hintergrundgedanken hat. Denken Sie stattdessen an das genaue Gegenteil dieses negativen Gedankens, zum Beispiel „Ich habe dieses Kompliment verdient".

WANN AM BESTEN

Machen Sie diese Übung zu Hause, wenn Sie etwas Zeit für sich haben. Indem Sie üben, Komplimente anzunehmen, bereiten Sie sich darauf vor, positiv auf Komplimente zu reagieren, wenn Sie sie wirklich bekommen, und dem Lob zu glauben. Dadurch steigt Ihr Selbstvertrauen.

4 Stellen Sie sich nun vor, Sie bekommen das Kompliment noch einmal. Atmen Sie tief ein und stellen Sie sich vor, Sie sehen der Person in die Augen, lächeln und sagen „Danke für das Kompliment". Sie können das vor dem Spiegel üben.

5 Stellen Sie sich vor, Sie stehen auf einer Bühne und einer Ihrer Fans wirft einen Blumenstrauß. Sie fangen den Strauß und schauen die Person an. Stellen Sie sich vor, Danke zu sagen und dabei zu lächeln.

6 Setzen Sie das in der Praxis um, wenn Sie das nächste Mal ein Kompliment bekommen. Wenn man das Kompliment auf eine positive Art annimmt, ohne die Aufmerksamkeit von sich ablenken zu wollen, fühlt sich das Lob gut an. Außerdem stärkt es das Selbstbewusstsein und es fällt leichter, positive Kritik anzunehmen. Denken Sie immer an den Blumenstrauß.

ZURÜCKGEBEN

Komplimente zu geben ist ein weiterer Weg, Glaubwürdigkeit zu üben. So kommt es zu positiven Interaktionen mit anderen, was in weiterer Folge das Selbstvertrauen stärkt. Achten Sie darauf, dass Sie das Kompliment ernst meinen. Oft ist es gut, das Kompliment mit einer Frage oder einem Gespräch zu verbinden, zum Beispiel: „Schöne Jacke, wo hast sie gekauft?".

WIE REAGIERE ICH **AUF KOMPLIMENTE?**

Tragen Sie in die folgende Tabelle ein, welche Komplimente Sie bekamen und wie Sie darauf reagierten. Kreuzen Sie das zutreffende Feld an.

[**1**] Ignorierte es/wechselte Thema
[**2**] Widersprach und fragte, wieso
[**3**] Lachte nervös/sagte nichts
[**4**] Nahm es nicht ernst
[**5**] Antwortete mit Sarkasmus
[**6**] Sagte Danke und lächelte

KOMPLIMENT	1	2	3	4	5	6

FÜNF WEGE

zu positiverem Denken

Verwenden Sie eine positive Sprache.

Sehen Sie es positiv,
statt sich zu beschweren.

Bedanken Sie sich, wenn Ihnen
jemand einen Gefallen tut.

Denken Sie daran, was Sie der Welt
und Ihren Mitmenschen alles geben.

Lesen Sie inspirierende Bücher,
schauen Sie anregende Filme und
hören Sie interessante Radiosendungen.

23 BILDER VOLLER GLÜCK

Ein Weg zu innerem Wandel ist, in der eigenen Umgebung positive Signale einzubauen, die einen an die guten Dinge in im Leben erinnern. Achtsamkeit lehrt, dass wir auf die Schönheit in der Welt um uns herum achten müssen, aber wir können sie auch bewusst in unsere Nähe bringen. Die folgende Übung zeigt, wie.

1 Gehen Sie auf einen Spaziergang und suchen Sie nach schönen Dingen. Es kann etwas sein, das Sie noch nie zuvor bemerkt haben, eine reich verzierte Tür, eine Pflanze, die aus einer Asphaltritze wächst, das Lächeln einer geliebten Person oder ein Spatz auf einem Zaun.

2 Wenn Sie es finden, fotografieren Sie es mit Ihrem Handy oder mit einer Kamera.

3 Machen Sie das in der kommenden Woche jeden Tag. Drucken Sie die Bilder dann aus und hängen Sie sie irgendwo hin, wo Sie sie oft sehen werden, um sich an die unerwarteten Freuden im Leben zu erinnern.

WANN AM BESTEN

Diese Übung können Sie gelegentlich machen, um Ihren Geist für die Schönheit um Sie herum zu öffnen. Vielleicht machen Sie daraus irgendwann eine tägliche Übung.

24 VERBUNDEN

Wenn Sie anderen helfen, sind Sie mit sich selbst zufriedener. Schließlich sind wir alle, wie die Glieder einer Kette, miteinander verbunden. Wird ein Glied hochgehoben, bewegen sich alle anderen mit. Ehrenamtliche Arbeit hilft, Mut zu gewinnen und selbstbewusster zu werden. Außerdem lernt man neue Dinge kennen, trägt etwas zur Gemeinschaft bei, lernt neue Leute kennen und hat ein Erfolgsgefühl.

1 Suchen Sie eine Organisation, die Sie unterstützen wollen. Es ist erfüllender, bei einer Sache zu helfen, an die man glaubt und zu der man sich verpflichtet fühlt.

2 Machen Sie etwas, das Sie gern haben und gut können. Wenn Sie zum Beispiel Tiere mögen, können Sie in einer Tierauffangstation aushelfen.

3 Informieren Sie sich, bevor Sie mit der Arbeit beginnen, sowohl über die Art der Arbeit als auch darüber, wie viel Zeit es in Anspruch nimmt.

4 Ehrenamtliche Arbeit sollte Spaß machen. Wenn es nicht so ist, sollten Sie sich fragen, wieso. Liegt es an den Aufgaben, am Ort oder an den Mitarbeitern? Versuchen Sie etwas Neues, wenn Sie unzufrieden sind.

WANN AM BESTEN

Es liegt an Ihnen. Sie sollten sich jedoch am Anfang nicht zu sehr beanspruchen. Arbeiten Sie zunächst nur minimal mit und steigern Sie sich dann langsam.

25 WOHLWOLLEN

Fehlendes Selbstvertrauen resultiert oft aus dem Glauben, dass andere besser, klüger, glücklicher und mutiger sind als man selbst. Die folgende Übung hilft Ihnen, Ihre Einstellung zu ändern. Sie baut auf einer Meditationsform namens liebevolle Freundlichkeit auf, welche in der Achtsamkeit gelehrt wird. Solche Methoden reduzieren Stress und Wut und lassen ein Gefühl von Verbundenheit entstehen. Sie helfen auch gegen Sozialphobie.

WANN AM BESTEN

Machen Sie diese Übung zunächst zwei Wochen lang täglich und beobachten Sie, ob sich Ihre Einstellung gegenüber anderen Menschen ändert; danach zwei bis drei Mal wöchentlich.

1 Setzen Sie sich ruhig hin. Schließen Sie die Augen und konzentrieren Sie sich auf folgenden Satz: „Möge ich glücklich und sicher sein". Sagen Sie ihn ein paar Mal in Gedanken, während Sie ruhig atmen.

2 Gehen Sie spazieren. Wenn Sie jemandem begegnen, sagen Sie in Gedanken „Mögest du glücklich und sicher sein".

3 Wünschen Sie im Vorbeigehen jedem ein unbeschwertes Leben, egal, ob eine Person jung oder alt, freundlich oder unfreundlich ist.

4 Setzen Sie sich dann an einen ruhigen Ort und schließen Sie die Augen. Sagen Sie sich selbst: „Mögen wir glücklich und sicher sein". Stellen Sie sich diese Positivität als Licht vor, das Sie ausstrahlen..

NOTIZ AN MICH SELBST

Mögen wir glücklich und sicher sein

26 SIEGE FEIERN

Wahrer Mut entsteht durch Selbstachtung und die folgende, selbstbejahende Übung ermutigt Sie dazu, all Ihre Erfolge zu würdigen. In der Kognitiven Verhaltenstherapie soll eine positive innere Stimme helfen, Triumphe zu erkennen und zu feiern und negative Gedanken zu bekämpfen, die das Selbstwertgefühl zerstören.

1 Setzen oder stellen Sie sich aufrecht hin. Atmen Sie ein paar Mal tief ein, um sich auf die Übung einzustellen. Denken Sie an einen Erfolg, den Sie kürzlich hatten. Das kann alles Mögliche sein, eine leckere Mahlzeit, die Sie zubereitet haben, eine Abgabefrist, die Sie einhalten konnten oder ein Problem bei der Arbeit, das Sie gelöst haben.

2 Vervollständigen Sie den Satz „Ich bin stolz darauf, dass ich . . .". Wiederholen Sie ihn einige Male, während Sie ruhig weiteratmen.

3 Stellen Sie sich nun vor, Sie halten eine Medaille. Das ist die Auszeichnung für Ihren Erfolg. Stellen Sie sich die Farbe und Form dieser Medaille vor, wie sie sich anfühlt. Halten Sie sie triumphal in die Luft und wiederholen Sie währenddessen den Satz noch einmal. Erlauben Sie sich, diesen Worten zu glauben.

WANN AM BESTEN

Machen Sie diese Übung regelmäßig, am besten abends. Hören Sie nicht auf, Ihre Stärken zu feiern.

27 MIT LEIDENSCHAFT

Könnten Sie sich vorstellen, morgens aufzuwachen, um etwas zu machen, das Sie überhaupt nicht interessiert? Regelmäßig unliebsame Dinge zu tun schädigt die Gesundheit und das Selbstvertrauen. Laut Kognitiven Verhaltenstherapeuten fördert es eine positive Einstellung, wenn wir auf unsere inneren Wünsche hören und tun, was uns Freude bereitet. Durch die folgende Übung erkennen Sie, was Sie glücklich und stolz macht.

1 Bereiten Sie Papier und Stifte, Farben oder Sticker vor. Setzen Sie sich hin und fragen Sie sich, was Sie wirklich inspiriert.

2 Nehmen Sie sich einen Moment Zeit und malen Sie es dann oder schreiben Sie es auf.

3 Fragen Sie sich nach jedem Bild, was Ihre Leidenschaft ist, und machen Sie ein weiteres Bild daraus.

4 Schaffen Sie so lange Bilder, bis Ihnen nichts mehr einfällt. Sehen Sie sich Ihre Bilder an und achten Sie auf all die Dinge, die für Sie eine Quelle der Freude sind. Nehmen Sie sich vor, mehr Zeit für diese Aktivitäten einzuplanen.

WANN AM BESTEN

Machen Sie diese Übung ein Mal pro Woche. Sie werden merken, wie dankbar Sie für diese Dinge sind und wie sehr Sie sich darauf freuen, sie zu machen.

28 FEHLER AKZEPTIEREN

Mut entsteht, wenn wir uns selbst, mitsamt unseren Fehlern, akzeptieren. Im Emotionalen Gehirntraining wird diese Selbstakzeptanz trainiert, um ein Glücksgefühl auszulösen. Machen Sie die folgende Übung, wenn Sie selbstkritisch sind. So erkennen Sie, dass Fehler auch schön sein können.

1 Schließen Sie die Augen und atmen Sie ruhig. Stellen Sie sich vor, Sie stehen auf einer saftig grünen Wiese. Sie gehen durch die Wiese, fühlen die sanfte Brise und riechen den natürlichen Geruch des Grases, welches von der Sonne erwärmt wurde und unter Ihren Füßen sanft nachgibt.

2 Sie setzen sich hin. Da bemerken Sie ein paar Kleeblätter und streichen mit der Hand über diese zarten, dreiblättrigen Pflanzen. Ihr Blick fällt auf ein bestimmtes Kleeblatt und Sie sehen, dass es, im Gegensatz zu den anderen, vier Blätter hat.

3 Sie pflücken es und betrachten es genau, die runde Form der Blätter, ihre satte grüne Farbe, die wundervolle Symmetrie. Es ist anders als die anderen Kleeblätter, aber dennoch perfekt. Sie heben es sich auf, um sich daran zu erinnern, dass auch Sie einzigartig und perfekt sind, so wie Sie sind.

WANN AM BESTEN

Machen Sie diese Übung, wenn Sie sich einsam fühlen oder denken, irgendwo nicht dazuzugehören.

29 KREATIVITÄT ANKURBELN

„Suchen Sie sich ein Hobby" mag zwar banal klingen, aber Hobbys wie Zeichnen stärken das Selbstvertrauen, da sie ein kreatives Ventil sind und ein Gefühl der Sinnhaftigkeit geben. Es führt auch zu einem „Flow", wie es in der Psychologie genannt wird. In diesem Zustand sind Körper und Geist im Einklang und die gesamte Konzentration ist auf eine Tätigkeit gerichtet.

WANN AM BESTEN

Integrieren Sie einen solchen „Flow", so oft und wann immer Sie möchten, in Ihre tägliche Routine.

FILZSTIFTE

Wenn Sie für diese Übung Filzstifte verwenden, legen Sie ein Blatt Papier unter die Buchseite, um zu vermeiden, dass die Farben durchbluten.

1 Suchen Sie einen ruhigen Ort, um zu malen. Sie können Filz- oder Buntstifte verwenden. Mit Buntstiften kann man leichter zeichnen und bessere Effekte kreieren, während bei Filzstiften die Farben leuchtender und die Anwendung schneller ist.

2 Atmen Sie tief ein, bevor Sie beginnen. Sie können auch die Augen schließen. Suchen Sie dann eine beliebige Farbe aus. Geben Sie sich dem Spaß des Ausmalens hin, ohne auf das Ergebnis zu achten.

3 Sie können aufhören, wann immer Sie möchten, auch wenn das Bild noch nicht fertig ist. Es kann einige Tage dauern. Wenn Sie fertig sind, machen Sie ein Bild vom Ergebnis und seien Sie stolz auf sich.

Versuchen Sie es: Malen Sie das folgende Bild aus, um Ihre Kreativität anzukurbeln.

ZIELE UND PRIORITÄTEN

Um mutig zu sein, braucht es Überzeugung, und Überzeugung verhilft zu mehr Selbstbewusstsein. Ein Ziel zu haben, nach vorn zu blicken und sich zu fokussieren erhöht nämlich die Chancen auf Erfolg, und je mehr man erreicht hat, desto selbstbewusster wird man. Es ist keine Einbahnstraße.

Im folgenden Kapitel werden verschiedene Ansätze vorgestellt, um Ziele zu definieren und zu erreichen. Wahrer Mut bedeutet, die Komfortzone zu verlassen. Das ist oft eine Herausforderung und Sorgen und Ängste hemmen uns manchmal, jedoch können wir etwas dagegen tun. Im folgenden Kapitel werden verschiedene Strategien gezeigt, um Ängste zu bewältigen und zu verhindern, dass sie einen kontrollieren. Sie werden auch lernen, Visualisierungen anzuwenden, um Ihre inneren Stärken zu erkennen.

Mut erfordert oft konsequentes Handeln, aber es ist auch wichtig, dass wir uns Zeit für Ruhe nehmen, um unsere innere Wahrheit zu erkennen. Zu verstehen, wofür wir stehen, was unsere Wahrheit und unsere Bestimmung ist, erleuchtet uns nicht nur, sondern hilft uns auch, unser Potenzial voll auszuschöpfen.

30 KLARE ZIELE SETZEN

Klare Ziele zu haben ist wichtig, um im Leben voranzukommen. Wenn die Ziele unklar oder vage sind, ist es schwer, sich auf sie zu konzentrieren, und es fehlt das Erfolgsgefühl, das einen ermutigt, weiterzumachen. Die folgenden vier Methoden basieren auf der Kognitiven Verhaltenstherapie und helfen Ihnen, Ihre Ziele erfolgreich zu setzen.

1 Seien Sie bejahend. Formulieren Sie Ihr Hauptziel positiv statt negativ. Statt „aufzuhören, ungesund zu essen" sollten Sie „anfangen, sich gesund zu ernähren". Positive Ziele werden eher erreicht als negative.

2 Fordern Sie sich heraus. Leicht zu erreichende Ziele machen Sie nicht selbstbewusster. An einem ehrgeizigen Ziel arbeiten Sie härter als an einem einfachen. Denken Sie an einen Bogen. Wenn er nur leicht gespannt ist, wird der Pfeil nicht fliegen.

3 Machen Sie es messbar. Ihr Hauptziel sollte so klar sein, dass ein Außenstehender erkennen kann, dass Sie es erreicht haben. Es ist hilfreich, das Ziel in messbare kleine Schritte zu unterteilen. „Mit zwei Unbekannten auf einer Party reden" oder „In der Besprechung mindestens zwei Punkte anbringen" sind leichter zu messen als „Geselliger werden" oder „Den Chef beeindrucken".

4 Setzen Sie eine Frist. Wenn man sich vornimmt, irgendwann einmal fitter zu werden, ist es viel zu leicht, sich davor zu drücken. Setzen Sie sich eine zeitliche Frist, beispielsweise „Ich möchte in sechs Monaten einen Halbmarathon laufen", und machen Sie dann einen Plan, um dieses Ziel zu erreichen.

WANN AM BESTEN

Am besten sofort. Schreiben Sie auf, welche Ziele und Pläne Sie für die Zukunft haben. Das Aufschreiben hilft Ihnen, sich auf das Wesentliche zu konzentrieren und es wird leichter, die Ziele zu erreichen.

31 AUFSCHREIBEN

Menschen mit großen Träumen lassen sich von allem Möglichen inspirieren. Ein Lied kann uns zum Schreiben inspirieren und Lesen kann uns dazu inspirieren, etwas Neues zu lernen. Laut der Kognitiven Verhaltenstherapie kann das Lesen oder, besser noch, das Schreiben inspirierender Worte in uns den Wunsche entfachen, unsere Ziele zu verwirklichen. Etwas zu Papier zu bringen ist wie einen Kieselstein in einen Teich zu werfen. Es schlägt Wellen. Je mehr wir schreiben, desto leichter fällt es uns, weiterzuschreiben.

1 Schließen Sie die Augen und denken Sie an etwas, dass Sie immer schon machen oder erreichen wollten. Stellen Sie sich nun vor, Sie können mit Ihrem Finger etwas aufschreiben, das Sie daran erinnern soll, Ihr Ziel immer im Auge zu behalten.

2 Holen Sie Ihre imaginäre Tafel hervor und stellen Sie sich vor, Sie schreiben einzelne Wörter auf, die Sie an Ihr Ziel erinnern. Sagen Sie jedes Wort leise vor, während Sie es aufschreiben.

3 Legen Sie die imaginäre Tafel wieder weg. Holen Sie sie immer hervor, wenn Sie eine Erinnerungshilfe brauchen, lesen Sie die bestärkenden Worte und fügen Sie neue hinzu.

WANN AM BESTEN

Machen Sie diese Übung immer, wenn Sie das Gefühl haben, Ihr Ziel ist zu vage oder zu weit entfernt. Sehen Sie zu, wie Ihre motivierende Liste immer länger wird und Sie langsam den Mut fassen, Ihre Träume zu verwirklichen.

32 ÜBER DEM HORIZONT

Manche Menschen gehen jeder Herausforderung aus dem Weg. Sie wirken vielleicht selbstbewusst, aber sie sind es nur, weil sie sich selbst nie auf die Probe stellen. Wahrer Mut bedeutet, den eigenen Horizont zu erweitern. Die folgende Übung soll Sie daran erinnern.

1 Machen Sie es sich bequem und schließen Sie die Augen. Stellen Sie sich vor, Sie sind in einem schönen Garten, fühlen sich sicher und glücklich. Stellen Sie sich den Garten so genau wie möglich vor.

2 Um den Garten ist ein Zaun mit einem Tor, welches hinausführt. Während Sie zum Zaun gehen, achten Sie darauf, ob Sie sich zaghaft, erwartungsvoll oder ängstlich fühlen.

3 Holen Sie tief Luft und gehen Sie durch das Tor. Die Umgebung ist leer und karg. Sie sehen einen Hügel und laufen ihn hoch.

4 Oben angekommen sind Sie erstaunt über die schöne Aussicht. Sie sehen einen Fluss, weite Grasflächen mit Bäumen und ein Dorf. Es gibt eine ganze Welt zu entdecken. Sie atmen tief ein und sind froh darüber, Ihren Horizont erweitert zu haben.

WANN AM BESTEN

Machen Sie diese Übung, wenn Ihre Ängste Sie daran hindern, Ihr volles Potenzial auszuschöpfen. Machen Sie sie zwei Wochen lang jeden Tag und beobachten Sie, ob sich Ihre Einstellung ändert.

33 WUNSCHLISTE

In Wunschlisten werden all die wunderbaren Dinge aufgezählt, die man noch erleben möchte. Vielleicht haben Sie bereits zwei oder drei Wünsche. Indem Sie sie zu Papier bringen, können Sie Ihre Ziele definieren und einen neuen Ansporn finden. In der folgenden Visualisierung müssen Sie Ihr Herz in die Hand nehmen und sich selbst herausfordern.

1 Nehmen Sie sich eine halbe Stunde, um in einem Notizbuch alle Dinge aufzuschreiben, für die Sie gerne die Zeit und den Mut hätten, um sie auszuprobieren. Lassen Sie nichts weg. In dieser Phase ist es egal, ob Ihre Ideen realistisch, unmöglich oder sogar leichtsinnig sind. Sie sollen jede einzelne Idee aufschreiben, die Sie haben:

- eine Wildwasserkanufahrt machen
- eine Rede halten
- Cello spielen lernen
- eine bestimmte Person um eine Verabredung bitten
- ins Fitnessstudio gehen
- eine Seilrutsche heruntersausen
- durch eine Glockenblumenwiese gehen
- in eine andere Stadt ziehen

WANN AM BESTEN

Wenn Ihre Wunschliste vollständig ist, sehen Sie sie als laufendes Projekt an. Jedes Mal, wenn Ihnen etwas Neues einfällt, das Sie ausprobieren möchten, fügen Sie es einfach Ihrer Liste hinzu.

2 Es ist der erste Entwurf, also lassen Sie Ihren Gedanken freien Lauf. Schreiben Sie weiter, auch wenn Ihre Ideen schwer oder auch gar nicht umsetzbar sind.

3 Machen Sie eine Pause, wenn Sie fertig sind, und machen Sie später oder am nächsten Tag mit der Liste weiter.

4 Wenn Sie fertig sind, lesen Sie sich die Liste durch. Streichen Sie alles, was Sie nicht wirklich machen möchten, und formulieren Sie Ihre Ideen so um, dass Sie umsetzbar werden.

5 Erzählen Sie Ihrem Partner, Ihren Freunden oder Familienmitgliedern von dieser Liste. Sie können Ihre Listen vergleichen oder sich mit Ihnen zusammentun, um etwas zu verwirklichen.

6 Machen Sie einen zweiten Entwurf Ihrer Liste und suchen Sie sich dann die einfachste Sache darin aus. Können Sie sie heute verwirklichen oder den ersten Schritt dafür machen?

7 Legen Sie die einzelnen Schritte mithilfe des Planers auf der gegenüberliegenden Seite. Indem Sie sich auf die am leichtesten umzusetzende Idee konzentrieren, werden Sie selbstbewusster und bleiben weiterhin zielstrebig.

KENNZEICHNEN

Wenn Sie einen Wunsch von Ihrer Liste verwirklichen konnten, haken Sie ihn ab. Sie können auch ein „Wunschlisten-Tagebuch“ führen und über Ihre Erlebnisse schreiben oder Bilder und Andenken davon auf eine Pinnwand heften.

MEINE **WUNSCHLISTE**

ZIEL	WIE ERREICHEN
Mit wem?	1
Wo?	2
Wann?	3

ZIEL	WIE ERREICHEN
Mit wem?	1
Wo?	2
Wann?	3

ZIEL	WIE ERREICHEN
Mit wem?	1
Wo?	2
Wann?	3

34 ÄNGSTE ÜBERWINDEN

Wenn Sie mutig sein möchten, müssen Sie über Ihren Schatten springen. Wahrer Mut bedeutet, die eigene Komfortzone zu verlassen. Die folgende achtsamkeitsbasierte Methode hilft Ihnen, mit der Angst „zu sein", ohne von ihr überwältigt zu werden. Die folgende Übung hilft Ihnen, wenn Sie angespannt, beunruhigt oder verängstigt sind.

1 Halten Sie inne und achten Sie darauf, wie Sie sich gerade fühlen. Benennen Sie das Gefühl. Sagen Sie leise „Ich habe Angst", um vom Gefühl nicht überwältigt zu werden.

2 Akzeptieren Sie es. Sie müssen das Gefühl nicht mögen, sondern nur anerkennen, dass Sie es in diesem Moment fühlen. Oft leugnen und unterdrücken wir unsere wahren Gefühle, aber das macht alles nur noch schwieriger. Wenn man sich erlaubt, man selbst zu sein, entsteht ein Gefühl der Leichtigkeit und Unbeschwertheit.

WANN AM BESTEN

Diese Methode hilft Ihnen, wenn Angst oder ein anderes unangenehmes Gefühl Sie im Griff hat. Machen Sie die Übung regelmäßig und es wird Ihnen leichter fallen, die Schritte zu befolgen, wenn Ihre Gefühle stark sind.

3 Wenn Sie Ihre Gefühle akzeptiert haben, erforschen Sie sie mit leichter Neugier. Wie fühlt sich diese Angst an? Was zieht Ihre Aufmerksamkeit am stärksten auf sich? Ihre Gedanken? Ihre Körperempfindungen? Seien Sie freundlich zu sich selbst, während Sie beobachten, was in Ihnen vorgeht.

4 Urteilen Sie nicht über Ihre Gefühle, sondern erkunden Sie sie nur. Vielleicht kommen tief verborgene Gedanken auf, wie „Ich bin es nicht wert", oder ein Körpergefühl wird plötzlich stärker. Egal, was es ist, erforschen Sie es, sofern Sie dazu in der Lage sind.

5 Machen Sie sich bewusst, dass Sie nicht durch Ihre Gefühle definiert werden. Was Sie gerade erleben, ist ein Gefühlszustand und wird mit der Zeit vergehen. Es hilft Ihnen, sich zu sagen „Angst entsteht und wird wieder vergehen" oder „In diesem Moment fühle ich Angst, aber sie wird verfliegen". Es soll Sie an das Prinzip der Nicht-Identifikation erinnern.

6 Wenn das Gefühl vorbei ist, holen Sie tief Luft. Überlegen Sie, ob es etwas gibt, dass Ihnen in diesem Moment Halt geben könnte, und machen Sie das, was Ihnen am besten hilft.

INNE HALTEN

Vielleicht hilft es Ihnen, jeden dieser Schritte einzeln zu machen. Halten Sie in unregelmäßigen Abständen inne und fragen Sie sich, was Sie gerade fühlen.

NOTIZ AN MICH SELBST

Meine Gefühle kontrollieren mich nicht

FÜNF WEGE

zu mehr Motivation

Gratulieren Sie sich selbst dazu, etwas versucht zu haben, auch wenn es nicht geklappt hat.

Verzeihen Sie sich Fehler.

Führen Sie ein Erfolgs-Tagebuch.

Konzentrieren Sie sich auf das, was Sie kontrollieren können, statt auf das Unbeeinflussbare.

Verbringen Sie Zeit mit positiven und motivierten Menschen.

35 EINTAUCHEN

Machen Sie die folgende Visualisierung, wenn Sie sich darauf vorbereiten wollen, in unbekannte Gebiete vorzudringen oder etwas Außergewöhnliches zu tun. So kommen Abenteuerlust und Mut in Ihnen auf..

1 Schließen Sie die Augen und machen Sie es sich bequem. Holen Sie ein paar Mal tief Luft, um sich auf die Visualisierung vorzubereiten. Entspannen Sie Ihren Körper jedes Mal, wenn Sie ausatmen.

2 Stellen Sie sich vor, Sie stehen auf einer niedrigen Klippe. Spüren Sie die Wärme der Sonne und den harten Felsen unter Ihren Füßen. Sie sehen nach unten und sehen das glitzernde Meer. Das Wasser wirkt einladend. Sie möchten in das Wasser springen, aber haben auch Angst, ins Bodenlose zu stürzen.

3 Sie treten an die Felskante und holen tief Luft, bevor Sie springen. Es dauert nur eine Sekunde, aber Sie spüren den Wind, während Sie fallen, und dann die Kälte, wenn Sie ins Wasser eintauchen. Sie tauchen auf, fühlen sich belebt und erfrischt. Genießen Sie dieses Gefühl, bevor Sie die Meditation beenden.

WANN AM BESTEN

Machen Sie diese Visualisierung einige Wochen lang täglich, um entschlossener zu werden und zum Handeln bereit zu sein.

36 BILANZ ZIEHEN

Vielen fällt nichts ein, wenn sie gefragt werden, welches Ziel sie im Leben haben. Die meisten leben von Tag zu Tag und haben (oder nehmen sich) keine Zeit, um über ihre Ziele nachzudenken. Im Emotionalen Gehirntraining lernt man, Chancen zu nutzen und offen zu sein für Dinge, die zum Greifen nahe sind. Darüber nachzudenken, wo man im Leben steht und was einen erwartet, ist ein wichtiger Schritt im Prozess zur Selbstverbesserung. Die folgende Übung hilft Ihnen dabei.

1 Holen Sie tief Luft und ziehen Sie eine Bilanz Ihres Lebens:

- Kosten Sie Ihr Leben voll aus? Wenn nein, wieso nicht?
- Wo hofften Sie, mittlerweile in Ihrem Leben zu stehen?
- Wann wollten Sie Veränderungen vornehmen?
- Welche Gefühle oder Dinge stehen Ihren Träumen im Weg?
- Welche Mittel stehen Ihnen zur Verfügung?

2 Sehen Sie sich Ihre Antworten auf jede Frage an und denken Sie darüber nach, was Sie tun oder ändern können, um voranzukommen und Ihre Ziele zu erreichen.

WANN AM BESTEN

Führen Sie ein Tagebuch, um herauszufinden, was Ihnen fehlt und wie Sie vorankommen können. Sie werden merken, dass Ihre Träume dadurch greifbarer werden und Sie den Mut bekommen, um mehr zu erreichen.

37 WIE EIN BERG

In der Achtsamkeit wird gelehrt, sich selbst von den stärksten Emotionen nicht umwerfen zu lassen. Die folgende Gebirgs-Visualisierung hilft Ihnen, sich die Stärke und den Mut vorzustellen, die in Ihnen wohnen, damit Sie selbst in schweren Zeiten selbstbewusst voranschreiten können.

1 Setzen Sie sich aufrecht hin, ohne sich zurückzulehnen. Finden Sie eine bequeme und stabile Sitzposition. Achten Sie auf Ihren Atem und wie er aus Ihrem Körper raus- und reinströmt. Sie müssen nicht tief oder besonders langsam, sondern nur in einem natürlichen Rhythmus atmen.

2 Denken Sie nun an einen großen Berg. Stellen Sie sich seine massive Form vor, welche nach oben hin immer schmäler wird, und wie er fest mit der Erde verbunden ist.

3 Visualisieren Sie den Berg in all seinen Details, zum Beispiel seinen verschneiten Gipfel, einen Pinienwald, eine grünen Wiese, einen glitzernden Fluss oder See. Genießen Sie es, den Berg in Ihren Gedanken in eine Schönheit der Natur zu verwandeln.

4 Stellen Sie sich nun vor, den Berg zu Ihnen zu „bringen". Er kommt immer näher, bis Sie und der Berg schließlich eins sind.

5 Sie sind jetzt der Berg. Ihre Füße sind im Boden verankert, Ihr Körper sind die Hänge des Berges und Ihr Kopf der Gipfel. Während Sie sitzen, atmen Sie in einem natürlichen Rhythmus und fühlen sich so stark und stabil wie der Berg.

WANN AM BESTEN

Machen Sie diese Übung, wenn Sie sich unsicher fühlen und fürchten, keine Kontrolle zu haben.

6 Achten Sie auf den Himmel, der Sie umgibt. Stellen Sie sich vor, die Sonne geht unter und es wird dunkel. Sie merken, dass diese Veränderungen keinen Einfluss auf den Berg haben, den Sie verkörpern. Erleben Sie Tag und Nacht. Die Oberfläche des Berges verdunkelt und erhellt sich wieder, der Fluss strömt oder friert zu, Tiere spielen, Pflanzen wachsen, aber der Berg selbst bleibt immer gleich.

7 Machen Sie so lange weiter, wie Sie möchten. Sie können das Wetter – Schnee, Hagel, Regen, sengende Hitze – und das Leben auf dem Berg ändern, aber denken Sie immer daran, dass der Berg und seine Stärke unverändert bleiben.

8 Wenn Sie bereit sind, lassen Sie die Bilder dieses Berges verblassen. Atmen Sie kurz ruhig weiter und achten Sie dann auf Ihre Umgebung, was Sie hören und wie sie sich anfühlt. Öffnen Sie die Augen und sehen Sie sich um. Denken Sie daran, dass Sie, genauso wie der Berg, unverändert bleiben, was der Tag auch bringen mag.

BEQUEM SITZEN

Achten Sie auf Ihre körperlichen Bedürfnisse, während Sie meditieren. Setzen Sie sich in eine angenehme Position und haben Sie immer eine Extraschicht Kleidung bei der Hand. Ihre Körpertemperatur sinkt, wenn Sie sich lange Zeit nicht bewegen.

38 KONZENTRATION

Mut entsteht durch Können und um die eigenen Kompetenzen zu verbessern, muss man fokussiert sein. Achtsames Atmen hilft dabei, besonders wenn man die Methode des „Beobachtens“ anwendet. Sie wird in der folgenden Übung vorgestellt, welche Sie eine Minute oder länger machen können. Diese vermeintlich leichte Übung kann sehr herausfordernd sein. Verwenden Sie eine positive innere Stimme, wenn Sie unkonzentriert sind.

1 Setzen Sie sich bequem und aufrecht hin. Schließen Sie die Augen und konzentrieren Sie sich auf Ihre Atmung. Achten Sie darauf, wie Luft durch die Nasenlöcher in den Körper hinein und hinausströmt.

2 Fühlen Sie, wie Sie kalte Luft einatmen und wärmere Luft ausatmen. Stellen Sie sich vor, eine Feder liegt auf Ihrer Nasenspitze. Sie müssen sich konzentrieren, damit sie nicht herunterfällt.

3 Wenn Sie Gedanken, Körperempfindungen oder Geräusche ablenken, können Sie „Beobachtung“ anwenden. Ordnen Sie jede Ablenkung „Gedanken“, „Empfindungen“ oder „Geräuschen“ zu und lenken Sie Ihre Konzentration dann wieder auf das Wesentliche. Machen Sie weiter, so lange Sie möchten, öffnen Sie dann die Augen und stehen Sie auf.

WANN AM BESTEN

Täglich 5–20 Minuten. Stellen Sie einen Wecker, um nicht immer auf die Uhr schauen zu müssen. Anfänger sollten zunächst nur eine Minute lang meditieren und sich dann langsam steigern.

MITZÄHLEN

Wenn Sie sehr unkonzentriert sind, können Sie versuchen, Ihre Atemzüge zu zählen: einatmen, ausatmen, eins; einatmen, ausatmen, zwei . . . und so weiter.

39 WEGWASCHEN

Mut braucht einen Fokus. Eine Möglichkeit, beides zu erlangen, ist, sich seine eigenen Fehler zu vergeben. Eine Studie der Wake Forest University zeigt, dass es Personen, die sich Fehltritte während einer Diät verzeihen, leichter fällt, diese fortzusetzen. Die folgende Übung hilft Ihnen, Selbstvorwürfe zu überwinden und selbstbewusster zu werden.

1 Suchen Sie einen ruhigen und bequemen Ort und setzen Sie sich hin. Atmen Sie eine oder zwei Minuten lang ruhig und achten Sie auf Ihre Atmung.

2 Denken Sie an ein Ereignis oder eine Tat, die Sie bereuen. Achten Sie auf jede Körperreaktion, wie Anspannung, Unbehagen oder andere Gefühle und Gedanken, die aufkommen. Lassen Sie diese Gefühle zu und atmen Sie ruhig weiter.

3 Sagen Sie sich selbst, dass Sie die Verantwortung für jedes negative Verhalten übernehmen: „Ich gebe zu, dass ich die Beherrschung verloren habe". Fragen Sie sich dann, ob es etwas an diesem Ereignis gibt, wofür nicht Sie, sondern eine andere Person verantwortlich ist. Sagen Sie: „Es ist nicht meine Schuld, dass ..." Denken und fühlen Sie sich nun anders?

WANN AM BESTEN

Machen Sie diese Übung, wenn Schuldgefühle Sie daran hindern, sich weiterzuentwickeln.

4 Denken Sie sich nun daran, was Sie aus diesem Erlebnis lernen konnten und was Sie bereits getan haben, um es wiedergutzumachen oder um dafür zu sorgen, dass es sich nicht wiederholt. Denken Sie an die positive Absicht, die Sie dabei hatten. Atmen Sie weiter und überlegen Sie, ob Sie mehr tun können, und beschließen Sie, es zu tun.

5 Sagen Sie sich: „Ich vergebe mir und fange von vorne an." Achten Sie dabei auf all Ihre Emotionen und Gedanken und lassen Sie sie zu.

6 Stellen Sie sich vor, Sie baden in einem wunderschönen Fluss und die Strömung wäscht alle Selbstbeschuldigungen weg. Wiederholen Sie den Satz: „Ich vergebe mir und fange von vorne an".

7 Um die Meditation zu beenden, lassen Sie das geistige Bild des Flusses verblassen und öffnen langsam die Augen. Machen Sie anschließend etwas Aufbauendes, wie zum Beispiel Ausmalen.

Versuchen Sie Folgendes: Malen Sie das Bild auf der gegenüberliegenden Seite mit leuchtenden blauen und grünen Farben aus.

TIEFE GEFÜHLE

Sie müssen diese Übung vielleicht mehrere Tage und Wochen lang regelmäßig machen, damit sich das Gefühl der Vergebung in Ihren Geist einprägt.

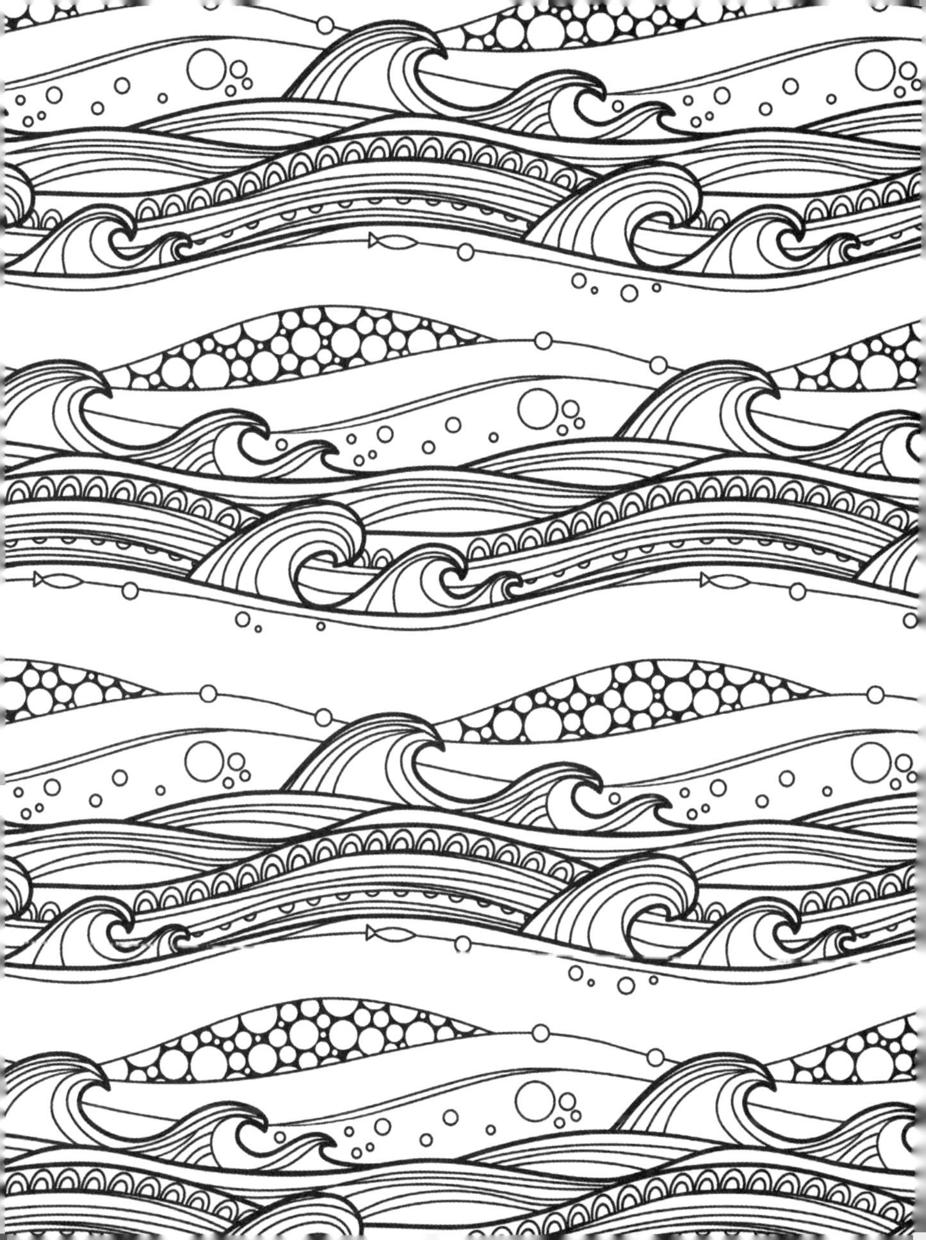

DER WELT BEGEGNEN

Sogar die unerschrockensten Menschen verlieren ihren Mut und ihr Selbstvertrauen, wenn sie vor andere treten müssen. Die Furcht vor öffentlichem Sprechen ist die häufigste Angst und 75 % aller Menschen hatten bis zu einem gewissen Grad damit zu kämpfen. Studien zufolge werden unsere Nerven durch die Vorstellung, von anderen beurteilt zu werden, gereizt. Wir alle haben Angst davor, beurteilt zu werden, besonders dann, wenn wir denken, wir könnten scheitern.

Im folgenden Kapitel wird gezeigt, wie Sie die Angst vor dem öffentlichen Reden bekämpfen und mit anderen besser kommunizieren können. Die Methoden wurden von psychologischen Ansätzen inspiriert. Dazu gehören die Visualisierung, die oft von Geschäftsleuten und Sportlern angewendet wird, um etwas zu „proben" (Seite 146–147), die Fahrstuhlatmung aus der Kognitiven Verhaltenstherapie (Seite 150–151) und eine Theatermethode, mit der eine selbstbewusstere Stimme geübt wird (Seite 154–155). Diese Ansätze helfen Ihnen, aus der Quelle des Selbstvertrauens zu schöpfen, die in Ihnen steckt, und das Gleichgewicht zu bewahren, egal wie einschüchternd das Publikum ist, vor das Sie treten müssen.

40 EINFACH TUN

Wie oft haben Sie sich etwas vorgenommen und es dann aufgeschoben? Wir machen das aus Angst vor dem Unbekannten. Laut Kognitiven Verhaltenstherapeuten ist Veränderung stets eine Herausforderung und es liegt an uns, Probleme als Möglichkeiten zu sehen. Schwierigkeiten als Chance zur Selbstverbesserung anzusehen stärkt den Mut. Die folgenden sechs Schritte helfen Ihnen, Widrigkeiten zu trotzen und Dinge anzupacken.

1 Achten Sie auf Ihre Reaktionen. Beobachten Sie, was Sie wirklich fühlen und denken.

2 Schätzen Sie Ihre bisherigen Erfolge und hören Sie auf, sie kleinzureden.

3 Fragen Sie sich, was Sie daran hindert, sich weiterzuentwickeln, und setzen Sie sich klare Ziele.

4 Machen Sie eine Liste Ihrer derzeitigen Verpflichtungen. Welche davon können Sie abgeben?

5 Formulieren Sie Ihre Ziele um, sodass sie positiver und realistischer werden.

6 Es ist wichtig, Dinge nicht nur zu versuchen, sondern auch zu tun und nie aufzugeben.

WANN AM BESTEN

Machen Sie diese Übung täglich, bis sie so natürlich ist wie Atmen. Halten Sie ab und zu inne, um zu sehen, ob Sie mutiger geworden sind.

41 RISIKEN EINGEHEN

Schmerz erinnert uns, wie sehr wir einander brauchen. Wenn wir aufgewühlt sind, sinkt unser Selbstvertrauen und wir sind überzeugt davon, mit unserem Leid allein sein zu müssen. Emotionales Gehirntraining lehrt, dass alle Menschen ein inneres Bedürfnis haben, Teil eines größeren Ganzen zu sein. Durch die Methode der Intimität werden wir uns unserem Bedürfnis nach Mitgefühl bewusst. Die folgende Übung hilft Ihnen, auf Menschen zuzugehen, die Sie kennenlernen wollen und die Ihnen helfen können.

1 Schließen Sie die Augen und denken Sie an jemanden, dem Sie kurz begegnet sind und besser kennenlernen wollen. Stellen Sie sich vor, Sie grüßen diese Person.

2 Worüber würden Sie mit dieser Person reden? Um locker mit ihr zu sprechen, braucht es Übung, aber das hier ist ein guter Anfang.

3 Spulen Sie vor und stellen Sie sich vor, die Person unterstützt Sie in schwierigen Zeiten. Sie baut Sie auf und sagt Ihnen, dass Sie wundervoll sind und diese schwierige Phase überstehen werden.

4 Gehen Sie immer auf neue Menschen zu, die Ihnen später eine wertvolle Stütze sein können.

WANN AM BESTEN

Machen Sie diese Übung täglich, bevor Sie morgens aufstehen. Wenn Sie Ihre Augen öffnen, fühlen Sie sich selbstbewusster und sind bereit, neue Menschen kennenzulernen.

42 ANKER AUSWERFEN

Die folgende Methode hilft Ihnen, Ihren Geist auf Positivität und Mut zu lenken. Es geht darum, ein bestimmtes Gefühl mit einem „Anker", einer speziellen Bewegung, zu assoziieren. Sie können den Anker in Gedanken „auswerfen", wenn es nötig ist.

1 Denken Sie an einen Moment, in dem Sie etwas Neues und Unerwartetes taten. Vielleicht waren Sie nervös, aber Sie taten es trotzdem. Etwa, als Sie voller Freude eine lange Wasserrutsche runterrutschten.

2 Schließen Sie die Augen und stellen Sie sich dieses Erlebnis ganz genau vor. Rufen Sie sich Ihre Sinneswahrnehmungen ins Gedächtnis, was Sie fühlten, sahen, hörten, rochen und schmeckten.

3 Formen Sie mit Daumen und Zeigefinger einen Kreis und reiben Sie sie sanft aneinander. Das ist Ihr Anker. Machen Sie diese Bewegung, während Sie an das Erlebnis denken.

4 Öffnen Sie nun die Augen. Das nächste Mal, wenn Sie besorgt sind, werfen Sie Ihren Anker aus, indem Sie Daumen und Zeigefinger aneinanderreiben. So sollten die Gefühle wieder wach werden.

WANN AM BESTEN

Machen Sie diese Übung oft, am besten jeden Tag. Je öfter Sie die Bewegung mit einem positiven Gefühl verbinden, desto besser funktioniert sie als Anker.

43 BLICKKONTAKT HALTEN

Durch Blickkontakt wirken und fühlen Sie sich selbstbewusster. Es ist außerdem wichtig, um mit anderen eine Verbindung und Vertrauen aufzubauen. Schüchternen oder ängstlichen Menschen fällt es schwer, aber Studien zeigen, dass wir gegenüber Personen, die Augenkontakt vermeiden, misstrauisch sind, da es ein Anzeichen für eine Lüge ist. Die folgende Übung hilft Ihnen, Blickkontakt zu halten.

1 Gehen Sie eine halbe Stunde lang spazieren. Schauen Sie im Vorbeigehen mindestens zehn Menschen in die Augen und lächeln Sie dabei

2 Halten Sie Blickkontakt zu Verkäufern oder Kellnern, die Sie bedienen. Sehen Sie ihnen in die Augen und sagen Sie dabei „Hallo" oder „Danke".

3 Wenn Sie mit jemandem reden, richten Sie Ihren Körper zu dieser Person. So ist es leichter, sie anzusehen. Zählen Sie mit, wie lange der Augenkontakt dauert. Für gewöhnlich dauert er 3–5 Sekunden, ungefähr so lange wie ein durchschnittlicher Satz.

4 Wenn Sie anderen zuhören, bilden Sie mit Ihren Blicken ein Dreieck. Sehen Sie zuerst einige Sekunden lang ein Auge, dann das andere Auge und schließlich den Mund an. Folgen Sie dem Dreieck, während die andere Person spricht. So fühlt sie sich „gehört", besonders wenn Sie zusätzlich nicken und zustimmen.

5 Bitten Sie Ihren Partner oder einen guten Freund, mit Ihnen zu üben. Setzen Sie sich einander gegenüber und sehen Sie sich so lange wie möglich an, wie beim Spiel „Wer zuerst blinzelt", welches Sie vielleicht aus Ihrer Kindheit kennen. Nur ist der Blick diesmal sanft und das Ziel ist, eine Verbindung zueinander aufzubauen. Es kann sehr intim sein.

WANN AM BESTEN

Machen Sie diese Übungen regelmäßig, beispielsweise einmal wöchentlich, um Blickkontakt zu üben.

WOANDERS HINSEHEN

Wenn es Ihnen schwerfällt, anderen direkt in die Augen zu sehen, visieren Sie einen Punkt zwischen oder über den Augen an. Das Gegenüber wird keinen Unterschied merken und der Blick ist weniger intensiv.

44 INTERNETENTZUG

Heute sind wir nicht nur mit der realen, sondern auch mit der digitalen Welt konfrontiert. Unzählige Untersuchungen zeigen, dass soziale Medien eine Vergleichskultur fördern, welche das Selbstvertrauen mindert. In einer kürzlich durchgeführten Studie gaben die Hälfte aller Teilnehmer an, ihre Erfolge geringer zu schätzen als die ihrer Freunde, wenn sie online sind. Achtsamkeit hilft uns, soziale Medien zu nutzen, ohne ein negatives Selbstbild zu entwickeln.

1 Bevor Sie online gehen, entspannen Sie Ihren Körper und atmen. Wie fühlen Sie sich? Freuen Sie sich darauf, zu sehen, was Ihre Kontakte machen, oder gehen Sie nur aus Gewohnheit online? Beobachten Sie Ihre Gefühle.

2 Seien Sie ehrlich. Viele Menschen spielen im Internet einen bestimmten Charakter, jedoch bedeutet Selbstvertrauen, man selbst zu sein. Was bringt es, online mit anderen zu kommunizieren, wenn man nicht authentisch ist?

3 Treten Sie Gruppen bei, die Ihnen ein positives Gefühl geben. Wenden Sie sich von Leuten ab, die in Ihnen ein schlechtes Gefühl auslösen, so wie Sie es im realen Leben tun.

WANN AM BESTEN

Denken Sie an diese Ratschläge, wenn Sie soziale Medien nutzen. Sie sollten sie mindestens ein Mal pro Woche befolgen, um zu beobachten, ob Ihr Internetverhalten hilfreich oder hinderlich ist.

4 Die Online-Welt kann Spaß machen, aber man sollte nicht die ganze Zeit in ihr verbringen. Beobachten Sie, ob Sie das Gefühl haben, etwas zu verpassen, wenn Sie offline sind, und denken Sie daran, dass Ihnen die reale Welt entgehen könnte, wenn Sie im Internet sind.

INTERNETFREIE ZONEN

Der einfachste Weg, um sich davon abzuhalten, am Morgen oder am Abend online zu gehen, ist, alle elektronischen Geräte aus dem Schlafzimmer zu verbannen. Halten Sie sie auch vom Esstisch fern.

5 Vermeiden Sie Abhängigkeit. Wie fühlen Sie sich, wenn andere nicht auf Ihre Kommentare oder Postings reagieren? Wenn Sie sich nach einer Antwort sehnen, die Sie nicht bekommen, sollten Sie sich fragen, ob sich Ihr Internetverhalten negativ auf Ihr Selbstbewusstsein auswirkt.

6 Wenn Sie offline gehen, achten Sie wieder darauf, wie Sie sich fühlen. Sind Sie besser oder schlechter gelaunt? Ist Ihr Selbstbewusstsein stärker oder schwächer? Soziale Medien können Entspannung bieten, aber auch das Selbstwertgefühl zerstören. Wenn das der Fall ist, sollten Sie sich fragen, wieso.

7 Setzen Sie sich Grenzen und nehmen Sie sich beispielsweise vor, Ihren Tag nicht damit zu beginnen oder zu beenden, dass Sie online gehen. Legen Sie Pausen ein, um nachzudenken. Sie sollten sich jeden Tag mindestens eine Stunde nehmen, um im Moment zu leben und die Realität zu genießen.

NOTIZ AN MICH SELBST

Andere inspirieren mich

45 AN DEINER SEITE

Bevor Sie etwas tun, das Sie nervös macht, beispielsweise Ihren Chef nach einer Gehaltserhöhung fragen oder jemanden um eine Verabredung bitten, sollten Sie die folgende Visualisierung ausprobieren, um Mut zu gewinnen. Visualisierungen werden in der Kognitiven Verhaltenstherapie angewendet, da bei visualisierten Handlungen ähnliche Hirnreaktionen ausgelöst werden, wie wenn man sie im realen Leben ausführt.

1 Setzen Sie sich an einen ruhigen Ort, an dem Sie nicht gestört werden.

2 Schließen Sie die Augen und denken Sie an eine Person oder ein Tier, bei dem Sie sich sicher und geborgen fühlen. Das kann ein Elternteil, ein Haustier oder ein anderes Tier sein, das Sie bewundern, zum Beispiel ein Löwe. Stellen Sie sich diese Person oder dieses Tier genau und mit allen Sinnen vor. Fühlen Sie die Haut der Person oder das Fell des Tieres, jeden Geruch und den Klang der Stimme.

3 Achten Sie darauf, wie gut Sie sich fühlen, wenn diese Person oder dieses Tier vor Ihnen steht. Wenn Sie bereit sind, lassen Sie sie an Ihrer Seite gehen. Auch wenn Sie sie nicht sehen, wissen Sie, dass sie da sind und Ihnen Kraft geben. Halten Sie dieses Gefühl fest, um Ihre Herausforderung zu meistern.

WANN AM BESTEN

Machen Sie diese Übung regelmäßig. Wenn Sie sie in Zeiten der Ruhe machen, wird es Ihnen leichter fallen, in stressigen Zeiten von der Liebe und Kraft eines anderen zu zehren.

46 PROBEN

Kognitive Verhaltenstherapeuten betonen, dass Vorbereitung wichtig ist. Geschäftsleute und Sportler wenden kreative Visualisierung schon lange an, um den positiven Ausgang eines Ereignisses zu proben und sich zu fokussieren. Versuchen Sie die folgende Visualisierung, um sich auf etwas vorzubereiten, sei es eine Rede, ein Vorstellungsgespräch oder um auf einer Party eine gute Figur zu machen.

1 Setzen Sie sich an einen ruhigen Ort und denken Sie an das Ereignis, für das Sie Mut fassen möchten.

2 Stellen Sie sich genau vor, wie Sie an diesem Ereignis teilnehmen. Welche Kleidung tragen Sie? Wie sehen Ihre Haare aus? Ist Ihr Gesichtsausdruck ernst und gefasst oder strahlend vor Freunde und Selbstvertrauen?

3 Stellen Sie sich nun vor, dieses Ereignis verläuft genau so, wie Sie es sich wünschen. Auf der Party sind Sie interessant und charmant, Sie sind klar und überzeugend, wenn Sie mit Ihrem Chef reden, und das Publikum lacht und klatscht, während Sie mühelos Ihre Rede halten.

4 Erwecken Sie dieses Ereignis zum Leben, als wäre es ein Kinofilm und Sie spielen die Hauptrolle. Lassen Sie so viele Details wie möglich einfließen, den Klang Ihrer Stimme, den Applaus, die Wärme des Scheinwerferlichts.

5 Spielen Sie die Szene ein paar Mal durch. Je vertrauter Sie mit dem positiven Ausgang dieses Ereignisses werden, desto selbstbewusster werden Sie, wenn es darauf ankommt.

WANN AM BESTEN

Immer, wenn Sie Selbstvertrauen brauchen, und vor wichtigen Ereignissen.

VORBEREITET SEIN

Bereiten Sie sich auch im richtigen Leben vor. Wenn Sie eine Rede halten sollen, stellen Sie sicher, den Veranstaltungsraum zu kennen und alles zu haben, das Sie brauchen, wie Notizen, ein Glas Wasser oder einen funktionierenden Projektor. Vorbereitung ist wichtig, um Selbstvertrauen zu gewinnen.

FÜNF WEGE

um zu strahlen

Setzen Sie sich in die erste Reihe, statt sich hinten zu verstecken.

Verbessern Sie Ihr Aussehen. Gut gepflegt und gekleidet zu sein hilft Ihnen, sich besser zu fühlen.

Fassen Sie in einem Satz, was Sie an sich mögen, und wiederholen Sie ihn oft.

Versuchen Sie, bei jedem Anlass eine neue Person anzusprechen.

Setzen Sie Ihre eigenen Ansprüche und vergleichen Sie sich nicht mit anderen.

47 FAHRSTUHLATMUNG

Wenn Sie in der Öffentlichkeit eine Rede halten müssen und nervös sind, können Sie versuchen, Ihre Atmung zu intensivieren. Tiefe Zwerchfellatmung hilft, Selbstvertrauen zu gewinnen. Sie verlangsamt den Herzschlag, beruhigt, fördert eine aufrechte Haltung, versorgt das Gehirn mit Sauerstoff und stärkt die Stimme. Probieren Sie die folgende Visualisierung.

1 Setzen oder stellen Sie sich hin. Halten Sie den Kopf hoch und ziehen Sie die Schultern zurück. Stellen Sie sich Ihre Wirbelsäule als Aufzugschaft vor. Ihr Steißbein ist die unterste Etage.

2 Beim Ausatmen fährt der Lift die Wirbelsäule nach oben, bis zum Kopf. Beim Einatmen fährt er wieder nach unten.

3 Beim nächsten Atemzug fährt der Lift langsamer und nur bis zum Bauch. Halten Sie den Atem 3 Sekunden lang an und stellen Sie sich vor, die Fahrstuhltür öffnet sich beim Ausatmen.

4 Beim Einatmen hält der Lift nun an der Brust an und die Türen öffnen sich beim Ausatmen. Zum Schluss macht er am Kopf halt und die Türen öffnen sich wieder. Wiederholen Sie das noch zwei Mal.

WANN AM BESTEN

Machen Sie diese Übung im Verlauf des Tages regelmäßig, auch dann, wenn Sie sich besonders gestresst oder nervös sind.

48 WIN-WIN-GESPRÄCH

Bei Win-win-Situationen werden unterschiedliche Meinungen respektiert und eine Lösung angestrebt, die alle Beteiligten akzeptieren können. Dieses Prinzip kann auf jede Art der Kommunikation übertragen werden und achtsames Sprechen kann helfen, genau das zu erlernen. Achtsames Sprechen bedeutet, mit Leidenschaft, Ehrlichkeit und Aufmerksamkeit zu kommunizieren und auch zuzuhören. In der folgenden Übung lernen Sie, selbstbewusst zu sprechen.

1 Wenn Sie mit jemandem reden, richten Sie Ihre ganze Aufmerksamkeit auf diese Person, wie einen Scheinwerfer, der auf einen Schauspieler leuchtet. Viel zu oft planen wir unsere Antwort, während unser Gesprächspartner redet, und hören so nicht, was er sagt, und wir reden, ohne vorher darüber nachzudenken. Nehmen Sie sich Zeit, um zu antworten und Ihre Gedanken zu sammeln.

2 Während Sie sprechen, sollten Sie Ihre Überzeugungen niemals vergessen und ehrlich sein. Achten Sie darauf, wenn Sie etwas sagen, um jemandem zu gefallen oder dazuzugehören. Es ist schwer, selbstbewusst zu sein, wenn Sie Ihre Worte an die Ansichten eines anderen anpassen.

3 Selbstbewusste Menschen hören unterschiedlichen Meinungen zu, ohne sich bedroht zu fühlen. Konzentrieren Sie sich darauf, eine Beziehung aufzubauen, statt Punkte zu erzielen und versuchen Sie, die Motivationen und Bedürfnisse der anderen Person zu verstehen.

4 Sagen Sie etwas Positives (und Ernstgemeintes) über eine dritte Person. Studien belegen, dass es das Selbstvertrauen ein wenig stärkt, wenn man etwas Interessantes über eine andere Person sagt, während ein gemeines Gerücht zu verbreiten es bis zu 30 % sinken lässt.

WANN AM BESTEN

Machen Sie diese Übung immer, wenn Sie mit jemandem reden. Achtsames Sprechen verändert Ihre Art zu kommunizieren und auch Ihre Beziehungen.

49 DIE STIMME ERHEBEN

Durch eine autoritative Stimme wirken Sie auf andere mutiger und auch Sie selbst fühlen sich selbstbewusster. Die folgenden Methoden helfen Ihnen, Botschaften glaubhafter zu vermitteln, indem Sie das meiste aus Ihrer Stimme herausholen.

WANN AM BESTEN

Eine selbstbewusste Stimme ist sowohl im Arbeitsleben, als auch im Privatleben hilfreich. Versuchen Sie, diese Ratschläge umzusetzen, wenn Sie das nächste Mal mit einem Freund sprechen. So fällt es Ihnen leichter, sie auch bei der Arbeit umzusetzen.

1 Wenn Sie schnell reden, wirken Sie unsicher, als würden Sie nicht an das glauben, was Sie sagen. Sie sollten daher langsamer als gewöhnlich sprechen. Es hilft, wenn Sie davor ein paar Mal tief einatmen (siehe Fahrstuhlatmung auf Seite 150–151).

2 Wir werden oft sehr leise oder sehr laut, wenn wir nervös sind. Sprechen Sie laut genug, damit andere Sie hören können, aber ohne zu schreien. Betonen Sie beim Sprechen leicht Ihre Mundbewegungen, um die Stimmbänder zu lockern.

3 Die Stimme wird höher, wenn wir nervös sind. Deshalb sollten Sie versuchen, in einer leicht tieferen Stimme zu sprechen. Üben Sie es, indem Sie sich selbst beim Sprechen aufnehmen und es dann anhören.

NOTIZ AN MICH SELBST

Meine Stimme ist selbstbewusst und stark

50 KLEIDUNG MACHT'S

Es ist bewiesen, dass Kleidung das Selbstbewusstsein beeinflusst. Eine Studie, die im *Journal of Experimental Psychology* veröffentlicht wurde, fand heraus, dass Personen, die formelle Kleidung tragen, einflussreicher wirken und sich in weiterer Folge durch die Art, wie sie behandelt werden, erfolgreicher fühlen.

WANN AM BESTEN

Machen Sie die Übung jeden Tag. Auf das Aussehen zu achten ist ein wichtiger Schritt zu mehr Selbstbewusstsein.

1 Wenn Sie in einer ungezwungenen Atmosphäre arbeiten, kann es eigenartig wirken, wenn Sie im Anzug zur Arbeit kommen. Versuchen Sie stattdessen, sich ein wenig formeller als der Rest zu kleiden.

2 Pflegerituale, wie Duschen, Nägel feilen, Haare kämmen, Hautreinigung, können Ihr Selbstvertrauen kurzzeitig stärken. Es zeigt anderen, dass Sie auch sich selbst achten.

3 Wenn Sie Kleidung in hellen Farben (besonders rot) anziehen, fühlen Sie sich energiegeladen. Wenn Sie im Berufsleben gedeckte Farben tragen müssen, können Sie kleine, farbige Details einbauen, eine helle Armbanduhr oder einen bunten Schal.

Versuchen Sie Folgendes: Malen Sie dieses Muster mit kräftigen, hellen Farben aus.

NOTIZ AN MICH SELBST

Mut und Selbstvertrauen kommen wie von selbst zu mir

DANKSAGUNG

Bildnachweis 2–3 tets/Shutterstock 6 PHOTOCREO Michal Bednarek/Shutterstock 9 tomertu/Shutterstock 11 Ivanko80/Shutterstock 12–13 JuliyaM/Shutterstock 15 Grisha Bruev/Shutterstock 16 alevtina/Shutterstock 18 nattanan726/Shutterstock 20 Foxys Forest Manufacture/Shutterstock 22 dragunov/Shutterstock 24 Erik Mandre/Shutterstock 26–27 Creative Travel Projects/Shutterstock 28 Soloviova Liudmyla/Shutterstock 30 Sofiaworld/Shutterstock 33 JuliyaM/Shutterstock 34 5 second Studio/Shutterstock 37 Julia Snegireva/Shutterstock 38–39 rubinat/Shutterstock 41 Gotzila Freedom/Shutterstock 42 KonstantinChristian/Shutterstock 44 THPStock/Shutterstock 46 rubinat/Shutterstock 48/Billion Photos/Shutterstock 50–51 Creative Travel Projects/Shutterstock 52 Deliverance/Shutterstock 54 Anton Watman/Shutterstock 56 PardoY/Shutterstock 58 BrAt82/Shutterstock 60–61 balabolka/Shutterstock 62–63 melazerg/Shutterstock 65 Elena Schweitzer/Shutterstock 66 jakkapan/Shutterstock 68 Tom Wang/Shutterstock 70 A. und I. Kruk/Shutterstock 72 Anton Watman/Shutterstock 74 Guschenkova/Shutterstock 78–79 stockfotoart/Shutterstock 80 tomertu/Shutterstock 82 Freedom_Studio/Shutterstock 85 melazerg/Shutterstock 86 tomertu/Shutterstock 88 tomertu/Shutterstock 90 peeraporn kwanprom/Shutterstock 93 Olesia Agudova/Shutterstock 94–95 Envita/Shutterstock 97 KP Photograph/Shutterstock 98 hombre/Shutterstock 100 makspogonii/Shutterstock 102 Shaiith/Shutterstock 104 el lobo/Shutterstock 108 melis/Shutterstock 111 Envita/Shutterstock 112–113 cobalt88/Shutterstock 114 Anton Watman/Shutterstock 116 Paladin12/Shutterstock 118 Trong Nguyen/Shutterstock 121 Galyna Andrushko/Shutterstock 122 kai keisuke/Shutterstock 124 Mike Pellinni/Shutterstock 127 irmairma/Shutterstock 128–129 karakotsya/Shutterstock 131 Sunny studio/Shutterstock 132 hxdbzxy/Shutterstock 134 578foot/Shutterstock 136 Karves/Shutterstock 138 Sigur/Shutterstock 140 Coffee Lover/Shutterstock 143 karakotsya/Shutterstock 144 Rob Hainer/ Shutterstock 146 BrAt82/Shutterstock 147–149 Grisha Bruev/Shutterstock 150 tsuneomp/Shutterstock 152 PopTika/Shutterstock 155 karakotsya/Shutterstock 157 mis-Tery/Shutterstock 158–159 Lola Tsvetaeva/Shutterstock

Einband: tets/Shutterstock

Der Richtigkeit und Vollständigkeit der Informationen in diesem Buch wurde größte Sorgfalt gewidmet. Sollte unabsichtlicherweise dennoch ein Urheber nicht angegeben sein, werden wir dies nach Kenntnisnahme in der nächsten Ausgabe berichtigen.